우리 땅의 생명이 들려주는 이야기

지식 보물창고 5
우리 땅의 생명이 들려주는 이야기

펴낸날 초판 1쇄 2013년 10월 25일 | 초판 3쇄 2018년 6월 25일
글쓴이 마술연필 | **그린이** 소복이 | **감수** 동물자유연대
펴낸이 신형건 | **펴낸곳** (주)푸른책들 | **등록** 제321-2008-00155호
주소 서울특별시 서초구 양재천로7길 16 푸르니빌딩 (우)06754
전화 02-581-0334~5 | **팩스** 02-582-0648
이메일 prooni@prooni.com | **홈페이지** www.prooni.com
카페 cafe.naver.com/prbm | **블로그** blog.naver.com/proonibook
ISBN 978-89-6170-347-5 74810

ⓒ 마술연필, (주)푸른책들, 2013

＊잘못된 책은 구입한 곳에서 바꾸어 드립니다.
＊이 책 내용의 일부 또는 전부를 재사용하려면 반드시 저작권자와 (주)푸른책들 양측의
서면 동의를 얻어야 합니다.

이 도서의 국립중앙도서관 출판시도서목록(CIP)은 서지정보유통지원시스템 홈페이지 (http://seoji.nl.go.kr)와
국가자료공동목록시스템(http://www.nl.go.kr/kolisnet)에서 이용하실 수 있습니다.(CIP제어번호: CIP2013017693)

보물창고는 (주)푸른책들의 유아, 어린이, 청소년 도서 전문 임프린트입니다.

(주)푸른책들은 도서 판매 수익금의 일부를 초록우산 어린이재단에 기부하여
어린이들을 위한 사랑 나눔에 동참합니다.

우리 땅의 생명이 들려주는 이야기

마술연필 글 | 소복이 그림
동물자유연대 감수 및 추천

보물창고

● 글쓴이의 말

우리 땅에 사는 생명들은 행복할까요?

얼마 전, 제주 앞바다로 돌아간 제돌이 이야기를 알고 있나요? 사람들 손에 붙잡혀 동물원에 팔려 갔던 남방큰돌고래 제돌이는 여러 단체와 사람들의 도움으로 고향인 제주 앞바다로 돌아가게 되었지요. 사람들에게 상처받고 이용당했지만, 사람들에게서 다시금 '희망'을 보게 된 기적적인 일이었어요.

이 책엔 제주로 돌아간 남방큰돌고래 이야기뿐만 아니라, 종의 복원을 위해 지리산에 방사된 반달곰, 사람의 필요에 의해 들여왔다가 기하급수적으로 늘어나자 죽음으로 내몰린 뉴트리아, 로드킬의 위협에 놓인 고라니, 이렇게 네 생명들의 이야기가 사계절 안에 담겨 있어요.

이처럼 『우리 땅의 생명이 들려주는 이야기』는 저마다의 사연을 안고 우리 땅에서 살아가고 있는 동물들의 이야기를 동화로 풀어낸 책입니다. 이렇게 주인공 동물들이 자기 이야기를 들려주는 '동화'이긴 하지만, 여기에 실린 이야기들은 만들거나 꾸민 것이 아니에요. 지금, 이곳에서 일어나고 있는 '사실'을 살뜰히 담아 동물들 입장에서 들려주고 있지요.

 반달곰, 남방큰돌고래, 뉴트리아, 고라니의 이야기를 귀 기울여 듣다 보면, 어느새 우리 땅의 생명에 대한 소중함을 깨닫게 될 거예요. 그리고 이런 질문을 스스로에게 하게 될지도 모릅니다. "우리 땅에서 살아가는 생명들은 행복할까?"라고요.

 지금껏 인간들만의 행복과 편의를 위해 다른 생명들을 아프게 했다면, 이제는 우리 땅의 생명들이 들려주는 이야기에 마음과 귀를 열 때입니다. 더 늦기 전에 말이에요.

 천천히 가도 좋으니, 지금부터 한 걸음씩 '생명 발자국'을 찍어 보세요!

2013년 가을, 〈마술연필〉

차 례

겨울 숲
지리산에 반달이 뜨면 • 9

봄 바다
돌고래 마을의 전설 • 35

여름 늪
엄마, 난 '괴물사람'이 무서워요! • 61

가을, 인간의 길에서
고라니 재판, 인간을 고발합니다! • 87

글쓴이의 말 • 4
사진 제공 및 출처 • 112

겨울 숲
지리산에 반달이 뜨면

　눈이 소복이 내린 어느 겨울밤, 지리산 깊은 계곡으로 동물들이 모여들었어. 소나무 옆에 있는 커다란 바위 굴, 바로 우리 집으로 말이야.

　모두들 오늘 갓 태어난 우리 아기를 보러 온 거야. 너도 이리 가까이 와서 내 품에 안긴 아기 곰 좀 봐. 여기, 아기 가슴에 새하얀 반달무늬가 보이지? 우리 아기는 지리산에서 태어난 진짜배기 지리산 반달곰이야.

　그럼 난 가짜 지리산 반달곰이냐고? 나, 리마는 지리산에 산 지 3년이 넘었지만 엄연히 따지자면 러시아 곰이야. 내 고향은 연해주거든. 내가 어떻게 머나먼 한국 땅, 그것도 지리산에 오게 되었는지 말해 줄게. 그리고 어떻게 자랑스러운 지리산 반달곰의 엄마가 되었는지도!

고아 반달곰 리마

3년 전 가을은 유난히 쌀쌀했어. 겨울이 일찍 올 것 같아서 엄마랑 나는 초조해졌지. 겨울이 닥치기 전에 많이 먹고 살을 찌워서 동면 준비를 해야 하니까 말이야. 아직 철이 없던 나는 아픈 엄마에게 떼를 썼어.

"엄마, 방금 꼬르륵 소리 들었어?"
"응, 그럼."
"배고파 죽겠어, 엄마. 배고파!"

그날따라 나는 떼굴떼굴 구르며 난리를 피웠어. 지금 생각하면 내가 왜 그랬나 싶어. 안 그래도 몸이 약해진 엄마는 나보다 힘들었을 텐데 말이야.

"엄마가 금방 먹이 구해 올 테니까, 리마 너는 굴에서 쉬고 있으렴. 콜록!"

엄마는 지친 몸을 이끌고 혼자 숲 깊은 곳으로 떠났어. 나는

엄마를 기다리다가 깜박 잠이 들고 말았지.

그러다 눈을 떠 보니 사방이 어두컴컴해져 있었어. 벌써 밤이 된 거야. 어둠 속에서 한참 동안 엄마를 기다렸지만, 엄마의 그림자도 보이지 않았어. 점점 무서운 생각이 들기 시작했지.

'엄마가 늑대를 만난 건 아닐까? 아니면 너무 멀리 나가서 길을 잃었든지…….'

하지만 힘이 장사인 우리 엄마는 늑대에게 질 반달곰이 아니었어. 게다가 꼬불꼬불 숲길도 훤하게 꿰고 있었지.

'혹시 내가 하도 떼를 써서 화가 났나?'

문득 이런 생각이 들자, 눈물이 핑 돌았어. 내 마음은 그게 아닌데!

나는 곧바로 굴을 뛰쳐나가 엄마를 찾아다녔어. 처음으로 나 혼자 굴 밖으로 나온 거였지만, 엄마가 나 때문에 집을 나갔다는 생각에 겁이 날 틈도 없었지. 밤새 울며불며 엄마를 찾아 헤맨 나는, 다음 날 아침이 되어서야 엄마를 발견했어.

엄마는 내가 좋아하는 호두나무 아래서 굵은 철사 고리를 발에 매단 채 엎드려 있었지.

"엄마!"

나는 한달음에 엄마에게 달려갔어. 그런데 그토록 따뜻하던 엄마 몸이 바위같이 차가운 게 아니겠어!

자세히 보니 철사 고리에 찢긴 엄마의 발에서 피가 흐르고 있었어, 그것도 아주 많이. 아무리 불러도 엄마는 일어나지 않았어. 게다가 동물들은 엄마를 보고는 멀리 달아나 버렸지. 아무도 엄마를 도와주지 않았어!

나는 며칠 동안 가만히 엄마 곁을 지켰어. 엄마가 곧 깨어날 거라고 믿으면서 말이야.

"저기, 죽은 곰 옆에 누워 있는 게 그 아기 곰이에요. 며칠

째 저기서 꿈쩍도 안 해요, 글쎄!"

 엄마 곁을 떠나지 않는 내게 사람들이 다가온 건 나흘 뒤였어. 사람들은 나를 들어 올려 이리저리 살펴보더니, 그대로 차에 태워 어디론가 데려갔어. 며칠 동안 아무것도 먹지 못한 탓에 나는 몸부림도 칠 수 없었지. 그저 멀어지는 엄마를 눈으로 좇을 뿐이었어.

 그날이 러시아에서 엄마와 함께한 마지막 순간이었어.

지리산에 반달곰이 떴다!

 사람들은 나를 한국으로 데려갔어. 그리고 지리산의 동물 보호소에서 그해 겨울잠을 따뜻하게 잘 수 있도록 해 주었지. 사람들이 왜 내게 친절을 베푸는지 알 수 없었지만 참 고마웠어.

 이듬해 봄, 사람들은 나를 지리산 깊은 숲 속에 풀어 줬어. 지리산은 우리 고향 숲과는 영 딴판이었어. 흙냄새부터 나무들의 종류까지, 모든 게 달랐으니까. 불안해진 나는 비탈 옆 커다란 바위 아래로 기어들어 갔어. 러시아에서 엄마와 함께 보내던 바위 굴과 꼭 닮아 있었지. 엄마를 잃은 슬픔에서 아직도 헤어나지 못한 나는 그만 울음을 터뜨리고 말았어. 하지만 나 혼자만의 시간은 거기까지였지.

"저기, 저 안에 말이야. 정말 반달이었다니까!"

얼마 안 있어 바위 굴 밖이 소란스러워졌어. 조심스레 나가 보니, 크고 작은 동물들이 모여 있는 게 아니겠어? 지리산 동물들이 모두 모인 것처럼 와글와글했지.

"가슴에 반달이 있잖아! 정말 반달이인가?"

동물들은 내가 굴에서 나오자 우르르 내 주위로 모여들었어. 저마다 내 반달무늬가 몇 뼘이나 되는지 재어 보기도 하고 발가락 모양을 살펴보기도 했지. 낯선 동물들에 둘러싸인 나는 잔뜩 주눅이 들었어.

"에이, 반달이가 아니잖아."

"하지만 지리산에 반달곰은 반달이 하나밖에 없잖아?"

동물들은 '반달'이라는 반달곰을 찾고 있는 것 같았어. 나는 기어들어 가는 목소리로 말했어.

"저는 반달이가 아니에요. 제 이름은 리마고, 러시아에서 왔어요……."

동물들은 무척 놀란 것 같았어. 모두들 웅성거리며 혼란스러워했지.

"다른 나라에도 반달곰이 있단 말이야? 그런데 여긴 왜 온 거야?"

"저도 잘 몰라요. 사람들이 저를 이곳에 풀어 줬어요."

동물들은 여전히 어리둥절한 것 같았지만 이내 내게서 관심을 접었어.

"뭐라고 하는지 모르겠지만 모두 돌아갑시다. 반달이가 아닌 건 확실하니까."

큰 노루가 한숨을 내쉬며 말했어.

동물들은 침울해져서 돌아갔지. 나는 쓸쓸한 마음을 감출 수 없었어. 다들 반달이에게만 관심이 있을 뿐, 나에겐 눈길도 주지 않았으니까.

"저기, 그런데 반달이가 누구예요?"

나는 마지막으로 돌아가던 오소리를 붙잡고는 물어봤어.

오소리는 내게 1년 전 사라진 반달이에 대해서 말해 줬어. 반달이는 지리산의 마지막 반달곰이었대. 대대손손 지리산에서 살아온 지리산 토박이 곰 말이야. 예부터 반달곰들은

지리산의 파수꾼 노릇을 했대. 동물들의 시시비비를 가려 주고, 위험에 처한 동물들을 구해 주기도 했지.

그런데 한 50년 전부터 그 많던 반달곰들이 사라지기 시작하더니 결국 한 마리만 남게 되었어. 그게 바로 반달이었지. 반달이는 훌륭한 반달곰이었어. 지리산 동물들 모두 반달이를 믿고 따랐지. 그러던 1년 전 어느 날, 반달이가 사라져 버린 거야! 잎사귀 위의 이슬이 증발하듯 말이야. 오소리는 눈물을 훔치며 이야기를 마쳤어.

"그래서 다들 반달이를 찾고 있는 거란다."

슬픈 사연이긴 했지만 굳게 닫힌 내 마음은 영 풀리지 않았어. 나도 반달곰인데 왜 아무도 환영해 주지 않을까?

또다시 혼자 남은 나는 바위 굴로 들어갔어.

반달곰? 반달개!

한바탕 '반달이 찾기' 소동을 겪은 뒤에도 나는 동물 친구들과 어울리지 못했어. 콧대 높은 지리산 동물들은 내가 러시아 곰이라며 차갑게 대했어. 이럴 바에야 차라리 동물 보호소로 돌아가는 게 나을 것 같았지. 사람들은 나를 따돌리지는 않았거든.

그래서일까? 밥맛도 없었어. 혼자 먹는 밥이 으레 그렇듯이 말이야. 한참 배를 곯자 눈앞에 동물 보호소에서 인간들이 주었던 다디단 과일들이 아른거렸어. 그런데 어디선가 거부할 수 없는 맛있는 냄새가 나는 게 아니겠어? 너무 배가 고팠던 나는 홀린 듯이 그 냄새를 따라 달려갔어.

지리산 등산로에 다다랐을 때에야 그 냄새의 정체를 알게 되었지. 냄새의 진원지에서는 사람들이 소풍을 즐기고 있었어. 돗자리 위에는 먹음직스런 음식들이 가득 차려져 있었지! 나는 반가운 마음에 사람들 가까이 다가갔어.

"모두 이리 와 봐요, 곰이에요!"

작고 어린 반달곰의 출현에, 사람들 역시 무서워하기보다는 귀엽다며 반겨 주었지. 모두들 내 머리를 쓰다듬어 주며 먹을 것을 주었어. 덕분에 나는 지리산에 와서 처음으로 음식을 먹게 되었어. 사람들이 만든 음식은 정말 꿀맛이었어! 나를 귀여워해 주는 사람들의 손길도 한없이 따뜻하게 느껴졌어. 지리산에 온 이후 이런 환대는 처음이었으니까.

그 뒤 나는 외롭고 배고플 때면 사람들이 다니는 등산로를 찾아갔어. 내가 모습을 드러내기만 하면 사람들은 앞다퉈 먹을 것을 주었어.

한편, 지리산 숲 속에는 내가 인간들에게 먹이를 얻어먹고 다닌다는 소문이 짜했어. 동물들은 혀를 끌끌 차며 실망했지. 다들 나만 보면 이렇게 중얼거렸어.

"아무리 다른 나라에서 왔다지만, 그래도 반달곰 체면이 있지!"

"반달곰은 무슨! 저건 반달개야, 개. 우리 반달이를 따라가려면 한참 멀었어. 엄연히 개와 곰은 다른데 말이야."

나는 반달이 이야기만 들으면 은근히 심술이 났어. 그래서 청개구리처럼 더 엇나갔지. 나는 사람들이 사는 마을까지 내려갔어. 밭에 들어가 채소도 좀 씹고 사람들이 널어놓은 나물에도 손을 댔지.

하루는 배를 채우러 바위 굴을 나서는데, 누군가 나를 불렀어.

"리마! 너 또 마을에 내려가는 거야?"

하늘다람쥐가 나뭇가지에 앉아 한심하다는 듯 나를 내려다보고 있었어. 나는 대답도 없이 하늘다람쥐를 지나쳤어. 그런데 그 녀석이 내 자존심을 긁지 뭐야?

"너 정말 반달곰 맞아?"

"제 가슴에 박힌 흰 반달 못 봤어요?"

나는 퉁명스럽게 받아쳤어.

"반달이 있다고 다 반달곰인가? 넌 전혀 반달곰답지 않은걸! 인간들한테 먹이나 얻어먹고, 재롱이나 부리고……. 저번엔 약수터 할머니네 장독도 뒤졌다면서?"

하늘다람쥐도 질세라 맞받아쳤어.

나는 화가 나기 시작했어. 하지만 대꾸할 틈도 없이 하늘다람쥐가 말을 이어 갔지.

"이곳 지리산에 살았던 반달곰들은 자존심이란 게 있었어. 근엄하고 지혜로워서 다른 동물들의 존경을 받았지. 그런데 넌 지금 이 꼴이 뭐야? 사람들이 없으면 하루도 살 수 없을

걸? 우리 반달이 같았으면…….”

또 반달이, 반달이! 화가 머리끝까지 난 나는 으르렁거리며 역정을 내어 하늘다람쥐를 쫓아 버렸어. 놀란 하늘다람쥐는 멀리 있는 나무로 포르르 날아갔지.

“아무튼 내가 한 말 꼭 명심해! 반달곰답게 살지 않으면 조만간 큰코다칠 거야!”

나는 하늘다람쥐의 경고를 뒤로하고 등산로로 향했어.

마침 익숙한 얼굴의 등산객이 내게 다가오고 있었어. 매일같이 맛좋은 바나나를 주는 아저씨였어. 그런데 그날은 바나나를 아예 송이째 들고 온 거 있지?

“곰돌아, 오늘은 이만큼이나 가져왔다!”

나는 노란 바나나에서 눈을 뗄 수 없었어. 하지만 순간 의심이 들었지. 왜 저 많은 바나나를 내게 다 주려는 거지? 아무래도 미심쩍어 아저씨를 지나치려는 순간, 나무 위에 앉아 수군대는 박새 한 쌍이 보였어. 또 내 흉을 보고 있을 테지! 반달이와 비교하면서 말이야. 나는 홧김에 아저씨를 따라가기로 했어.

‘흥, 주제에 텃세는! 나는 맘씨 좋은 인간들과 친하게 지낼

거야.'

아저씨는 헤벌쭉 웃으며 바나나를 하나씩 입에 넣어 주었어.

"저기 산속에 더 맛있는 걸 숨겨 놓았단다."

나는 아저씨를 따라 굽이굽이 산길을 걷기 시작했어. 바나나 한 송이가 내 입속으로 다 사라졌을 때였어.

아저씨가 갑자기 걸음을 멈추는 거야.

"다 왔다, 곰돌아."

고개를 들어 보니 내 앞엔 집이 한 채 있었어. 집 주위로 싸늘한 분위기가 감돌았지. 낌새가 수상해 얼른 돌아가려는 순간, 아저씨가 외치는 거야.

"어서 쏴!"

그러자 어디에선가 작은 화살이 날아와 내 다리에 박혔어. 그 순간 나는 정신을 잃고 말았어.

곰 지옥에 갇히다!

눈을 떴을 때, 나는 어두운 우리 속에 갇혀 있었어.

아마도 그 으스스한 건물 안인 것 같았지. 어둠 속 여기저기서 신음소리가 들려왔어. 눈을 비비고 보니, 내 앞에 끔찍한 광경이 펼쳐졌어. 수많은 곰들이 한데 갇혀 고통스러워하고 있는 거야!

자세히 살펴보니 모두들 배를 감싼 채 울고 있었어. 저마다 배에 상처가 나 있는 거야. 나는 정신이 아득해졌어. 이건 곰 지옥이나 다름없었어. 살려 달라고 소리를 질러 보았지만 우리 문은 단단히 잠겨 있었어. 막막해진 나는 털썩 주저앉았어.

'하늘다람쥐 말을 들을걸!'

나는 그제야 후회가 됐어. 그런데 저만치서 하얀 반달이 반짝이는 게 아니겠어? 나는 내가 헛것을 보았나 했어. 하지만 아무리 봐도 반달은 그대로 있었어. 나는 반달이 있는 쪽으로 달려갔어.

다가가 보니 반달곰이었어! 반달곰은 얼마나 고되게 혹사당했는지, 비쩍 마른 채로 우리 구석에 쓰러져 있었어. 차마 눈뜨고는 못 볼 몰골이었지.

"일어나 봐!"

나는 반달곰을 힘껏 흔들었어. 그러자 반달곰은 간신히 눈을 떴어.

"반달이를 그냥 놔둬!"

옆에 있던 다른 곰이 말했어. 나는 '반달'이라는 말에 깜짝 놀랐어.

"반달이라고? 사라졌다던 그 지리산 반달곰?"

"반달이는 올무에 걸려 여기로 잡혀 왔어."

"올무?"

"그래, 올무. 둥글게 말아 놓은 철사 덫 말이야."

갑자기 배신감에 온몸이 떨려 왔어. 축 늘어져 일어나지 못하는 반달이를 보니 철사 덫에 걸려 죽은 엄마가 떠올랐거든. 여태껏 엄마가 사람 손에 죽었다는 생각을 못 한 내가 한심했지! 그런 줄도 모르고, 지금까지 사람들과 어울려 지냈던 거야.

"사람들은 우리 쓸개를 노리고 있어. 반달이도 매일같이 시달렸지. 여기, 배에 난 구멍을 봐."

사람들이 곰의 쓸개즙을 뽑아 팔기 위해 낸 구멍이었어. 너무 끔찍해서 제대로 쳐다볼 수가 없었지. 어떻게 해서든 반달이를 데리고 이곳을 탈출해야겠다는 생각뿐이었어.

"나랑 숲으로 돌아가자. 내가 도와줄게."

숲이라는 말에 반달이의 눈가가 반짝였어.

그때 굳게 잠겨 있던 문이 끼익, 하고 열렸어. 그리고 그 못된 등산객이 들어왔지. 아니, 나를 데려온 그 밀렵꾼 말이야. 나는 으르렁거리며 달려들었지만, 단단한 철창에 가로막히고 말았지.

"가만히 있는 게 좋을 거야. 내일 네 쓸개즙을 사겠다는 사람이 올 거거든! 반달곰 쓸개즙은 아주 비싸게 팔 수 있지."

그 밀렵꾼은 내 상태를 살펴보고는 기분 나쁘게 웃으며 돌아갔어. 아무리 몸을 부딪쳐도 철창은 꿈쩍도 하지 않았어. 몸 이곳저곳에 멍이 들고 나서야 나는 지쳐 눕고 말았어. 그런데 무서운 생각이 들기 시작하는 거야.

'나도 반달이와 똑같은 신세가 되는 걸까?'

다음 날 정말 낯선 사람들이 찾아왔어. 사람들은 나를 구석구석 살펴보더니 만족스러운 표정으로 말했어.

"아주 건강해 보이는구먼. 이놈 쓸개즙은 내가 사겠어!"

"아니, 내가 더 쳐주지. 얼마면 되겠나?"

사람들은 나를 두고 옥신각신 싸움을 벌였어. 그러는 동안 밀렵꾼은 탐욕스럽게 웃고 있었지. 사람들 눈에는 내가 한낱 쓸개나 돈으로밖에 보이지 않는 게 분명했어.

그때였어. 갑자기 건물 문이 벌컥 열리더니, 검은 옷을 입은 사람들이 뛰어 들어왔어.

"손들어! 천연기념물 밀렵 혐의로 체포한다!"

무슨 말인지 이해할 수 없었지만, 우리 곰들을 구하러 온 것만은 분명해 보였어.

그들은 나와 반달이의 가슴에 새겨진 반달무늬를 보더니 우리를 철창에서 꺼내 주었어. 나는 힘껏 달려가 내 뚱뚱한 몸으로 밀렵꾼을 쿵 받아 버렸어. 밀렵꾼은 그대로 나가떨어졌지! 속이 다 시원했어. 밀렵꾼과 나를 사려던 사람들은 체포되어 끌려갔단다.

나중에 사람들이 하는 말을 들어 보니 내가 이곳으로 온 날, 반달곰이 사람을 따라가는 걸 본 어느 등산객이 신고를 했다나 봐. 나와 반달이는 지리산 동물 보호소에 머물면서 건강을 회복했지.

지리산에 반달이 뜨면

얼마 뒤 반달이와 나는 지리산으로 돌아왔어. 반가운 풀

냄새, 나무 냄새에 신이 난 우리는 한달음에 숲 속으로 달려갔지. 처음으로 지리산이 고향처럼 느껴졌어!

"반달이가 돌아왔다!"

우리를 발견한 동물들이 하나둘 모여들었어. 모두들 믿을 수 없다는 표정으로 나와 반달이를 맞아 주었지. 나는 동물들에게 그동안의 일들을 말해 줬어. 밀렵꾼을 따라갔다가 '곰 지옥'에 갇히게 된 일, 거기서 반달이를 만난 일, 사람들에게 구조된 일까지 모두. 동물들은 내 이야기에 넋이 나갔어. 내가 사람을 쿵 받아 버린 대목에선 모두들 손뼉을 치며 자지러졌지.

이야기가 끝나자 동물들은 내 이름을 연이어 외쳤어.

"리마가 반달이를 구했다!"

"리마 최고!"

그 뒤 나는 지리산 동물들에게 마음을 열었어. 동물들도 나를 어엿한 '지리산 반달곰'으로 인정해 주었지. 아, 반달이는 건강을 회복하고 다시 지리산의 파수꾼이 되었어.

어느덧 시간이 흘러 나는 어른 곰이 되었어. 게다가 올해는 반달이와의 사이에서 보석 같은 아기도 얻었어. 러시아에서 온 나와 달리, 우리 아가는 지리산에서 태어난 진짜배기 지리산 반달곰인 셈이야. 아빠의 혈통을 잇게 된 거지!

사실, 먹이가 없던 올해 아기 곰이 태어난 건 나에게도 지리산 동물들에게도 기적처럼 느껴졌어. 배고프면 사람들에게 손을 벌리지 그랬냐고? 나를 더 이상 천덕꾸러기 리마로 보지 말아 줘. 나는 이제 사람들에게 의지하지 않거든! 더욱이 엄마 반달곰으로서 우리 아가에게 떳떳한 모습을 보여 줘야 해.

"아기 곰 이름을 뭐라고 지어 주면 좋을까?"

동물들은 평화롭게 잠든 아기 반달곰을 들여다보며 골똘히 고민에 빠졌어. 여러 이름들이 오갔지만 내 마음에 꼭 드는 이름이 없었어.

그때 하늘다람쥐가 무릎을 탁 치며 말했지.

"보름이라고 하면 되겠다!"

바위 굴에 모인 동물들은 동시에 탄성을 질렀어. 가장 쉽고도 꼭 어울리는 이름이었어. 나도 고개를 끄덕였지.

"리마, 푹 쉬어. 내일 아침에 보름이 보러 다시 올게."

지리산 동물들은 나의 출산을 축하해 주고는 늦은 밤이 되어서야 바위 굴을 떠났어.

나는 동물들이 지어 준 아기 곰의 이름을 몇 번씩 되뇌어 보았어.

"보름이, 보름이……."

반달이 두 개면 보름달이 되듯이, 나와 반달이 그리고 보름이가 서로 기대면 꽉 찬 보름달처럼 행복하게 살 수 있을 거야. 나는 보름이의 이름을 부르면서 보름이가 지리산 반달곰의 후예로 씩씩하게 살아가기를 기도했어.

마침 축복같이 흩날리는 눈 사이로 환한 보름달이 떠올랐어.

꾹, 생명 발자국 하나!

옛날 한반도에는 반달곰이 많이 살았어요. 하지만 일제 강점기 때 농가에 피해를 준다는 이유로 천 마리가 넘는 반달곰이 죽임을 당했지요. 해방 이후에도 밀렵으로 많은 반달곰이 죽었어요. 그래서 멸종 위기에 처한 반달곰을 복원하기 위해 지금까지 36마리의 반달곰을 러시아 연해주와 북한으로부터 들여왔어요.

★ 반달곰(반달가슴곰)
- 크기 : 몸길이가 120~180cm 정도이며, 수컷은 몸무게가 150kg까지 나간다.
- 사는 곳 : 러시아, 중국 등에 서식하며, 우리나라에는 설악산과 지리산 일대에 극소수가 서식한다.
- 먹이 : 견과류 식물의 잎과 열매, 작은 곤충 등

알고 싶어, 반달곰!

나도 겨울잠 자고 싶다.

재미있는 반달곰의 생태

❶ 11월에서 3월까지 겨울잠을 자요. 겨울잠을 자는 동안에는 아무것도 먹지 않지요.
❷ 새끼 곰은 어미 곰과 1년 반 동안 함께 지내며 홀로 살아가는 방법을 배워요.
❸ 반달곰의 주특기는 나무 타기예요. 힘이 세고 발톱이 잘 발달되어 있거든요.
❹ 반달곰은 사람보다 빨리 달릴 수 있고 수영도 잘해요.

웅담과 밀렵

웅담은 곰의 쓸개를 말린 것을 말해요. 웅담이 몸에 좋다고 믿는 사람들 때문에 수많은 사육 곰이 희생을 당하고 있어요. OECD 국가 중 웅담을 먹기 위해 곰을 사육하는 나라는 우리나라밖에 없다고 해요. 반달곰 역시 웅담을 노리는 밀렵꾼들에게 생명의 위협을 받고 있어요. 하지만 반달곰 밀렵에 대한 처벌은 최고 5년 이하 징역, 또는 3천만 원 이하의 벌금형이 고작이지요.

야생동물을 잡기 위해 밀렵꾼들이 설치한 올무들이야.

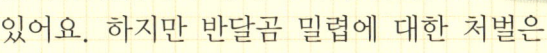

한 걸음 더 - 생각하고 실천해 보아요!

생물다양성은 왜 중요할까?

생물다양성이란 지구 각 지역에 생물이 다양하게 존재하는 것을 말해요. 다양한 동식물들이 고루 존재해야 생태계의 균형이 무너지지 않지요. 하지만 인간의 욕심으로 많은 생물들이 멸종할 위기에 처해 있어요. 사람과 다른 생물들이 서로 공존하며 살아갈 수 있는 방법을 생각해 보아요.

국립공원관리공단 종복원기술원

종복원기술원은 멸종 위기에 처한 야생 동·식물을 연구하고 복원하는 일을 해요. 반달곰뿐 아니라 우리나라에서 사라져 가는 토종 여우, 산양 등을 지키는 데 힘을 쏟고 있지요. 종복원기술원에 대해 더 알고 싶다면, 홈페이지를 방문해 보세요.
http://bear.knps.or.kr

우리가 도와줄게! – 반달곰의 야생 적응을 위해 우리가 할 수 있는 일들

1. 지정된 등산로를 벗어나지 않아요.
2. 반달곰에게 먹이를 주거나 사진을 찍지 않아요.
3. 산에서 크게 소리 지르지 않아요.
4. 반달곰의 먹이인 나물, 도토리 등을 줍지 않아요.

봄 바다
돌고래 마을의 전설

돌고래 마루 이야기

슬퍼도 늘 웃는 얼굴을 할 수밖에 없는 동물이 뭔지 아니? 바로 우리 돌고래들이야. 우리는 늘 웃는 표정이어서 귀엽다는 말을 많이 들어. 하지만 슬픈 얼굴을 할 수 없어서 오해를 사기도 하지.

나는 남방큰돌고래로, 이름은 마루야. 제주 앞바다가 바로 내 고향이지. 이곳 제주 바다에서 8년을 살았어. 푸른 물결과 드넓은 바다에 있는 풍성한 먹을거리 그리고 인심 좋은 제주 사람들 덕분에 우리는 꽤 행복했어.

특히 무리 지어서 다니는 우리 돌고래들은 물질하는 해녀들의 좋은 친구야. 우리는 츳츳츳 초음파를 보내서 여러 모습을 헤아려 보는데, 해녀가 우리에게 해를 안 끼치는 걸 알고는 가까이 다가가 곧잘 장난을 치기도 했지. 우리 엄마 아빠뿐만 아니라 할아버지 할머니가 어렸을 때에도 제주 해녀들과 가깝게 지냈다고 해. 말 그대로 인간과 돌고래가 더불어 살던 시절이었지.

그런데 어느 날, 이렇게 행복한 날들이 순식간에 무너져 버렸어. 엄마 아빠는 잘 지내는지, 단짝 돌고래 이랑이는 여전히 해녀들과 장난치는 것을 좋아하는지 무척 궁금해. 짭짜름한 바다 내음도 맡고 싶고, 살아서 펄떡이는 고등어와 오징어 맛도 직접 느끼고 싶어. 그리고 무엇보다도 이렇게 좁은 동물원 사육장이 아니라, 넓고 푸른 바다에서 마음껏 헤엄치고 싶단다.

나는 고향을 떠나 서울이라는 곳의 한 동물원으로 오게 됐어. 왜 내가 이곳까지 오게 되었는지 그 사연을 들려줄게.

이 이야기는 직접 겪은 '사실'이지만, 내가 알고 있는 돌고래 중 가장 지혜로운 율 할아버지가 그랬어. 시간이 흐르면 내 이야기가 '전설'이 될 거라고. 그리고 아마 인간들에게도 전설이 될 수도 있다고 하셨어.

  3년 전, 어느 봄날이었어.
  유난히 하늘이 높고 맑은 날이었지. 갈매기들이 끼룩끼룩 울며 우리 주변을 맴돌고, 따듯한 봄 햇살이 바다 위를 빛내고 있었어. 나는 높게 뛰어오르며 휘파람을 길게 불었어. 또 이랑이랑 대결하듯 신 나게 헤엄을 쳤지. 이랑이는 나랑 동갑내기 친구 돌고래야.
  이랑이와 나는, 그날도 무리에서 벗어나 해녀들에게 몰래 가는 중이었지. 엄마가 그렇게 무리에서 벗어나지 말라고 했는데, 우리는 물질하는 해녀들에게로 가 장난치고 싶어서 아주 몸살이 날 지경이었어.
  우리는 어른들 눈을 요리조리 피해서 드디어 해녀들이 있는 곳에 닿았어. 이랑이와 나는 바닷속으로 쑥 들어갔지. 벌써 해녀들이 와 있었어. 우리 둘은 해녀들 주변을 빙글빙글 돌며 인사를 했어. 그러자 해녀들도 손을 흔들며 우리를 반겨 주었어.

해녀들은 빠르고 유연하게 물살을 가르며 미역과 전복 등을 캤지. 우리는 해녀가 미역이나 전복을 캐는 것처럼, 바닥에 있는 돌을 주웠다 놓았다 하면서 장난을 쳤어.

"츳츳츳, 츳츳츳, 츳츳츳!"

그런데 갑자기 이랑이 초음파를 보냈어. 이랑이가 이렇게 연달아 초음파를 보낼 땐 주변에 있는 고기를 한데 모으기 위해서야.

"끽끽! 너, 이랑이! 이 먹보야. 또 배가 고프단 말이야?"

"뭐야! 너도 먹고 싶잖아."

"끽끽, 뭐라고? 난 너처럼 먹보가 아니라고. 이번엔 너 혼자 가. 그리고 어른들이

늘 말하잖아. 꼭 무리 지어 다니라고. 바다가 얼마나 위험한지 우리는 모른댔어."

"끼릭끽, 끼릭끽! 정말 너 수컷 돌고래 맞아? 이 겁쟁이! 용감한 네 아빠를 반만이라도 닮았으면 좋았을 텐데."

이런! 또 이랑이가 내 자존심을 건드렸어. 난 겁쟁이란 말을 가장 싫어해. 이랑이는 내 약점을 너무나 잘 알기 때문에 이 점을 이용해 자기 혼자 하기 싫은 일이나 도저히 못 할 것 같은 일들을 나한테 떠넘기곤 하지. 하지만 이번엔 그렇게는 안 될걸.

"휴~. 하하하. 내가 이번에도 넘어갈 줄 알았지? 어림없어. 이번엔 정말 안 갈 거야. 그런 줄 알고 너 혼자 가. 난 여기서 더 놀 거라고."

이랑이는 내 굳센 대답에도 몇 번에 걸친 협박과 회유를 반복하더니 이내 포기하고, 츳츳츳 초음파 소리를 내며 고기 사냥에 나섰어.

돌고래 마을의 전설 • 39

'쳇, 삐친 것 같은데 어쩔 수 없어. 이번엔 정말 안 갈 거라고.'

난 해녀들 사이를 몇 바퀴씩 돌며 물질하는 것을 지켜보았어. 해녀들도 우리 돌고래처럼 숨을 쉬기 위해 바깥으로 수시로 들락날락했어. 이런 모습을 보면 우리 돌고래가 아주 오래전엔 뭍에서 살았다는 말이 맞는 것 같아. 해녀들이 물질을 어느 정도 마치고 하나둘 바다에서 사라질 때까지 나는 그곳에 있었어.

그렇게 해녀들이 모두 뭍으로 사라졌을 쯤, 어디선가 이랑이 소리가 들려왔어. 긴박하고 강력한 신호였지. 위험에 처한 게 분명해! 순간, 숨이 턱 막혀 오면서 몸이 부르르 떨렸어. 이랑이가 이렇게 고통스러운 소리를 보내는 건 처음 들어. 이랑이 신호는 점점 심각해졌어. 나는 슬슬 겁이 나기 시작했어. 너무 겁을 먹어서 눈앞도 캄캄해졌지. 몸도 뻣뻣하게 굳었어.

난 천천히 수면 위를 오르락내리락하며 숨을 최대한 자주 쉬면서 몸과 마음을 안정시켰어. 그러고는 눈을 질끈 감고 이랑이가 웃는 모습을 생각했지. 같이 뛰놀던 모습도 그려 보았어. 그러다 아까 말다툼했던 게 떠오르는 거야.

'그래, 내 잘못이야. 내가 같이 갔다면 저렇게 고통스러운

신호를 안 보내도 될 텐데!'

난 머리를 힘껏 가로저어 정신을 차리고는 이랑이에게 기다리라는 신호를 보냈어. 그리고는 있는 힘껏 헤엄을 쳤지. 어른 돌고래들도 신호를 들었을까? 잠깐 어른 돌고래들을 기다렸다가 같이 갈까 고민했지만 지체할 시간이 없었지. 그리고 이번만큼은 이랑이한테 용감하다는 말을 꼭 듣고 싶었어.

신호를 따라 한참을 가니, 커다란 바위 밑에서 이랑이 소리가 가깝게 들려왔어. 여러 종류의 물고기들과 이랑이가 한데 섞여 있었어. 난 용기를 내서 가까이 다가가 보았어. 그런데 멀리서는 보이지 않던 거대한 그물이 보였지. 그렇게 그물에 걸려 있어서 한데 섞여 있는 것처럼 보였던 거야.

정어리, 민어, 고등어, 갈치, 숭어, 오징어, 거북까지 잡혀 있었어. 정어리 새끼들도 눈에 띄었어. 분명 새끼들을 낳고 봄이 되어서 북쪽으로 이사를 가던 중이었을 거야.

"이랑아!"

"어떡해, 마루야! 초음파로는 그물을 볼 수 없다는 걸 깜빡했어. 나도 물고기들도 이렇게 걸려들고 말았어. 아무리 발버둥을 쳐도 소용없어."

"걱정하지 마! 내 이빨 튼튼한 거 알고 있지?"

나는 이랑을 안심시키려고 힘차게 말하고는 그물 주변 곳곳을 살피며 주둥이를 들이밀었어. 어딘가 빈틈이 있을 거라는 기대를 걸고 말이야.

아, 여기다! 촘촘하게 짜인 그물망이지만 느슨한 부분이 정말 있었어. 나는 그곳을 깊게 파고들어 주둥이를, 이어서 머리를 깊게 들이밀었어. 그리고는 계속해서 몸을 이리저리 흔들었지. 이미 경험으로 그물이 얼마나 질기고 단단한지 알았기 때문에 이빨은 사용하지 않았지. 이빨은 최후의 일격이야. 틈이 생기자 작은 물고기들이 빠져나가기 시작했어. 고맙다는 인사를 하는 물고기도 있었지.

하지만 이랑이가 빠져나오기엔 턱없이 부족했어. 그리고 내 힘만으론 어림도 없었지. 그때, 이런 내 마음을 안다는 듯이 이랑이가 이빨로 그물을 물어뜯기 시작했어. 거북도 다리를 길게 뻗어 흔들며 그물 틈을 점점 벌렸지.

"이랑아! 조금만 더 하면 될 것 같아."

나는 더욱 크게 몸을 움직이며 이랑과 거북과 힘을 합쳤지. 그러자 거북이 먼저 빠져나왔어.

"고맙네. 어서 암컷 돌고래도 나와야지. 이러다 수컷 돌고래가 힘을 더 빼면 안 될 것 같네. 사람들이 곧 올 거야."

이랑이는 나한테 몸을 바짝 붙이고는 틈을 벗어나려고 몸을 좌우로, 앞뒤로 흔들었어. 좀 힘겹긴 했지만 이랑이는 간신히 그물을 빠져나올 수 있었어. 나는 안도의 한숨을 쉬었지. 이젠 내 차례였어. 이미 벌어진 틈이 있기 때문에 그물에 들이밀었던 몸을 조심스럽게 빼내기만 하면 돼.

그런데 반쯤 빠져나왔을까? 지느러미 부분에서 찌릿, 하는 통증이 느껴졌어. 나는 지느러미 윗부분에 홈이 파인 듯 상처가 있는데 그 부분에 그물이 걸린 것 같았어.

"마루야!"

이랑이의 절규 섞인 외침이 들렸지.

"이랑아, 괜찮아. 또 지느러미에 난 그 상처에 걸렸을 뿐이야. 늘 말썽인 거 알잖아."

"아…! 그게 아니라, 지느러미만 걸린 게 아니야. 네 몸이, 네 몸이 점점 위로 올라가고 있어."

"뭐라고!"

나는 그제야 내 몸이 어떤 알 수 없는 거대한 힘에 이끌려 위로 올라가는 걸 깨달았어. 속도도 점점 빨라졌지. 정신을 차리고 보니, 지느러미만 걸린 게 아니었어. 내 몸통 절반이 그물에 얽히고설켜 있었지.

불현듯, 소름이 끼치며 마지막이라는 생각이 들었어. 온몸을 아래로, 아래로 끌어내리려고 했지. 그리고 닥치는 대로 그물을 물어뜯었어. 최후의 일격 말이야.

하지만 발버둥을 칠수록 점점 그물은 내 몸을 조여 왔어. 그리고 숨을 너무 오래 참았나 봐. 우리 돌고래들은 1분에 두 번씩은 수면 위로 나와서 숨을 쉬어야 하고, 아무리 오래 잠수를 해도 10분 정도이거든.

그런데 난 얼마나 숨을 참은 걸까? 정신이 점점 가물거렸어. 울부짖는 이랑이 목소리와 저 멀리서 내 고통스러운 초음파 소리를 듣고 헤엄쳐 오는 엄마 아빠 모습을 희미하게 볼 수 있었지.

그리고 나는 까무룩 정신을 잃고 말았어. 이게 고향에서의 마지막 기억이란다.

...

"잘했어, 바다야!"

조련사 형이 내 머리를 쓰다듬더니 죽은 고등어를 던져 줬어. 나는 높이 솟아올라 고등어를 받아먹으며 기분 좋은 소리를 냈지. 그러고는 힘차게 뛰어올라 고맙다는 내 마음을 전했어. 그래야 조금이라도 빨리 훈련을 마칠 수가 있거든.

제주 바다에서 그물에 걸렸던 나는 사람들 손에 두 번 팔려서 서울에 있는 동물원까지 오게 됐어. 그리고 마루라는 이름은 잊히고 사람들이 지어 준 이름인 '바다'로 불리게 되었지. 사람들 앞에서 묘기를 하며 공연을 한 지 벌써 3년째가 됐어.

나는 이 동물원 인기 스타야. 특히 사람 아이들이 나를 좋아해. 돌고래 쇼를 할 땐 늘 아이들로 북적여. 공을 던지고, 물을 뿜어내고, 링을 통과하는 건 괴롭지만, 아주 잠깐 기분이 좋아지기도 해. 아이들의 미소는 참 사랑스럽거든. 새끼 돌고래처럼 말이야.

하지만 늘 좁은 공간에서 똑같은 쇼를 반복하는 건 참 힘든 일이야. 지금은 많이 익숙해졌지만 처음에 이곳에 왔을 땐 정말이지 끔찍했어. 죽은 물고기를 먹는 것도 싫었지만 너무나 좁은 공간에서 다른 돌고래들이랑 같이 지내려니 숨이 막힐 지경이었지.

우리는 드넓은 바다에서 살도록 커다란 몸으로 태어났는데 이런 곳에 있으니, 쉽게 병이 들 수밖에 없어. 아무리 조련사 누나와 형이 잘해 줘도 환경 때문에 오래 살 수가 없는 거지. 그래서 나와 함께 있던 돌고래 두 마리가 벌써 죽었단다. 너무나 슬픈 일이야.

우리 돌고래들은 보통 40년을 사는데 이렇게 좁은 곳에서 지내면 5년밖에 못 산다고 해. 그래서 지금 이 동물원에는 나랑 하늘이 딱 둘만 남았어. 하늘이도 나처럼 많이 우울할 거야.

하지만 마이크에서 "돌고래 쇼에 오신 것을 환영합니다!"라는 소리가 울려 퍼지면, 하늘이는 언제 우울했냐는 듯 완전히 다른 돌고래로 변하지. 겉으로 보기엔 활기가 넘치고 즐거워 보이지만, 마음은 전혀 그렇지 않다는 걸 알아.

그리고 쇼를 시작하면 꼭두각시처럼 변하는 하늘이를 보거나, 내 자신을 보면 갑자기 무서운 생각이 들곤 해. 죽을 때까지 이렇게 인간들에게 쇼만 보여 주다가 내 삶이 끝나는 건 아닌지 말이야. 나에게도 가족이 있고, 그리운 고향이 있는데……. 이런 생각을 하면서부터 내 마음과 몸이 점점 병들어 갔어.

그러던 어느 날 밤이었어. 지친 몸과 마음을 콘크리트 벽에 기대어 쉬고 있었어. 얼른 잠들길 바라면서 말이야. 나는 꿈꿀 때가 가장 행복해. 꿈속에선 엄마 아빠도 만나고, 율 할아버지도 만나고, 이랑이도 만날 수 있거든. 또 바다를 마음껏 헤엄치며 엄마가 그랬던 것처럼 미역도 따 먹고, 산호초 구경도 실컷 할 수 있지.

그런데 그날 밤은 참 이상한 꿈을 꿨어. 내가 조련사 누나와 형이 쓰는 빨간 모자를 쓰고 막대기를 들고 있는 거야. 그리고 사람들 대여섯 명이 알록달록한 옷을 입고 얼굴을 괴상하게 분장하고는 둥근 원 안에 모여 있었어.

갑자기 내 입에서 이런 말이 튀어나오는 거야.

"인간 쇼에 오신 것을 환영합니다!"

그러자 관중석에 환한 빛이 비추더니 각종 고래들이 일어나 너나없이 박수를 치며 휘이휘이, 휘파람을 불었어. 어서 쇼를 시작하라고 고래고래 소리를 지르는 커다란 범고래도 눈에 띄었지.

그러자 기다렸다는 듯이 알록달록한 옷을 입은 사람들이 움직였어. 큰 공을 타고 쳇바퀴 돌 듯 뛰고, 불이 활활 타오르는 링을 통과하고, 외발 자전거를 아슬아슬하게 탔지.

나는 나도 모르게 막대기를 바닥에 탁탁 내리치며 사람들에게 겁을 주고 있었어. 내리치는 소리가 들리자 사람들은 움찔하는가 싶더니 더욱 활기차게 움직이는 거야. 아주 열심히.

사람들 얼굴은 광대처럼 웃는 얼굴로 분장하고 있었지. 우리 돌고래가 늘 웃는 얼굴을 한 것처럼 말이야. 꿈속이지만, 나는 이렇게 겁을 주는 내가 싫었어. 이렇게 사람들이 쇼를 멋지게 할 수 있게 될 때까지 얼마나 힘들게 했을까, 생각하니까 갑자기 내가 너무 무섭게 느껴지는 거야.

'나는 인간들처럼 되고 싶지 않아!'

이렇게 속으로 소리치다 잠에서 깼지. 나는 아주아주 오랫동안 숨죽여 울었단다. 하늘이가 깨지 않게 말이야.

이런 꿈을 꾸고 나자, 돌고래 쇼를 하는 하루하루가 더욱 힘들게 느껴졌어. 그렇게 반복되는 날들이 얼마나 지났을까.

어느 날 갑자기 낯선 사람들이 나와 하늘이를 보러 왔어. 그들은 '불법 포획'이라는 말을 하고, '돌려보내야' 한다는 말도 했어. '돌고래 쇼'는 동물의 권리를 해치는 일이라 당장 중단해야 한다고도 했지.

나와 하늘이는 깜짝 놀랐어. 갑자기 희망이 움트는 것만 같았지. 어쩌면 정말 집으로 돌아갈 수 있을지도 몰라.

"바다야! 우리 다시 바다로 돌아가는 거야?"

"그래. 어쩌면 정말 그럴지도 몰라. 그러니까 우리 힘내자.

죽은 고기라도 잘 챙겨 먹어야 돼. 가족들을 만났을 때 건강한 모습을 보여 줘야 할 것 아니야."

"응. 이제 가리지 않고 다 잘 먹을 거야. 죽은 고기면 어때."

이렇게 사람들이 왔다 간 뒤로, 우리는 정말 돌고래 쇼를 안 하게 되었어. 대신 하루에 한 번씩 아이들을 만나 인사는 했어. 그러면 조련사 누나와 형이 나와 하늘이의 특징에 대해 설명을 해 줬어.

그러던 어느 날, 또 낯선 사람들이 우리를 보러 왔어. 우리 몸무게를 달고 눈동자를 들여다보고 몸 구석구석을 살펴보았지. 그러고는 우리를 어딘가에 싣더니 한참을 가는 거야. 나는 조금 겁이 났지만 사람들의 따듯한 손길과 목소리 때문에 안심할 수 있었어.

사람들이 웅성거리는 소리, 덜컹거리는 느낌, 낯선 기계음들을 통과하고 있었지. 우리 눈을 천으로 덮어 놔서 밖을 볼 수 없었지만, 시간이 점점 지날수록 바다 내음을 더 가까이 맡을 수 있었어. 그러다 순간, 움직임이 멈추는 거야. 그러고는 우리 눈에 덮었던 천이 들추어졌어.

하늘이와 내가 도착한 곳은 꿈에도 그리던 제주 바다였어!

내가 살던 곳은 아니었지만 분명 제주 바다가 맞아. 사람들이 우리에게 말하는 소리가 들렸어. 하늘이와 내가 이곳 양식장이라는 데에서 진짜 바다로 돌아가기 전에 적응 훈련을 한다고 했어. 살아 있는 먹이를 잡아먹을 수 있고, 몸이 예전처럼 건강해질 때까지 말이야.

우리는 기뻐서 사람들 앞에서 물을 뿜으며 뛰어올랐어. 사람들도 박수를 치며 좋아했지. 그중에는 눈물을 흘리는 사람도 보였어. 그렇게 우리는 고향으로 돌아갈 준비를 했어. 그럼 잊었던 우리 이름도 되찾을 수 있겠지.

돌고래 이랑 이야기

마루가 떠난 이후로, 나도 변해 가고 이곳도 점점 변해 갔어. 나는 물고기도 별로 먹지 않고, 해녀들과 놀지도 않았어. 마

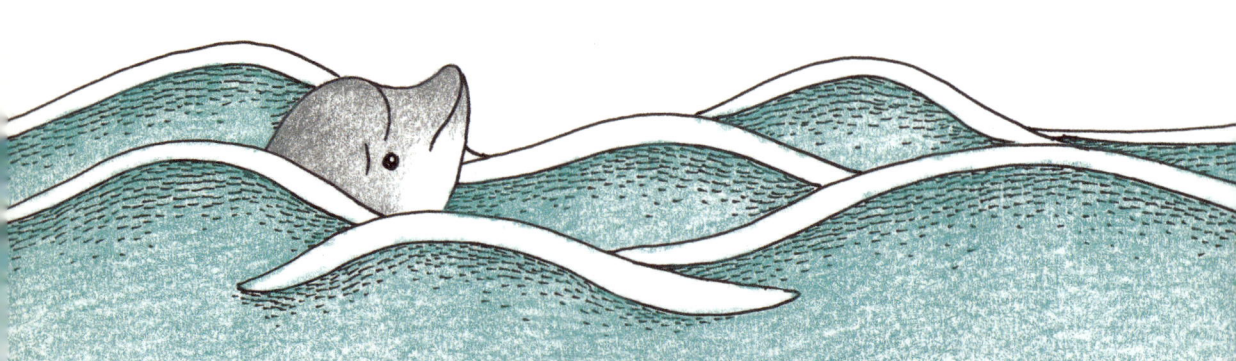

루가 잡혀 갔던 곳쯤에서 깊이 들어갔다가 나오기만을 반복하는 게 나의 하루가 되었지.

　나만 달라진 건 아니었어. 중덕 바다 앞마을인 강정도 좀 이상해졌어. 뭍에서 무슨 일이 일어나는지 사람들이 몰려다니며 큰 소리를 내기도 하고, 어느 날엔 큰 차에서 사람들이 우르르 내려서는 큰 종이를 들고 노래를 부르기도 했어. 멀리서 우리 돌고래를 발견하고는 사진을 찍는 사람도 있었지.

　그러다 사람들이 서로 심하게 다툰 날 이후부터였던 것 같아. 며칠이 지났을 무렵, 난생처음 듣는 소리가 들려오는 거야. 정체를 알 수 없었지만 기분 나쁜 소리였지.

　엄마가 그러는데 그건 인간이 만든 기계가 내는 소리라고 했어. 그 기계음을

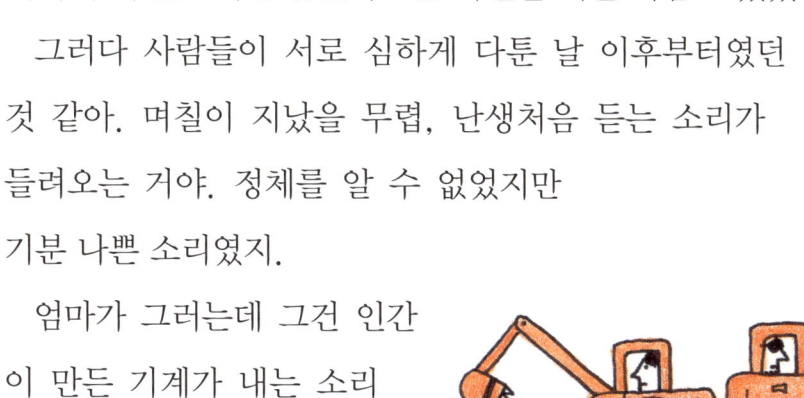

듣고 좋은 일은 일어나지 않는다는 걱정스러운 말도 덧붙였지.

그런데 어느 날, 구럼비에 다녀온 율 할아버지가 한참을 고민에 빠진 얼굴을 하더니 이러는 거야.

"사람들이 미쳐 가고 있다. 구럼비를 파괴하고 있어!"

구럼비는 거대한 너럭바위로 곳곳에 물이 새어 나오는 곳이야. 그래서 이곳에서 해녀들이 몸을 씻기도 하고 붉은발말똥게, 맹꽁이 등 뭇 생명들이 놀기도 해. 한마디로 제주 생명들이 살아 숨 쉬는 곳이지. 나는 사람들도 오가는 구럼비를 왜 파괴하는지 이상했어. 그래서 율 할아버지한테 물었어. 아마 마루가 떠난 뒤 처음으로 한 질문일 거야.

"욕심 때문이지. 사람들이 하는 말을 들으니, 그곳에 군사 기지를 짓는다고 하는구나. 그럼 물이고, 땅이고, 바위들이고 성한 데가 없을 거야. 그곳에서 살고 있는 바다 목숨들이 얼마나 많은데… 그 생명들을 다 죽일 작정인 것 같더구나. 사람들 욕심 때문에 구럼비가 사라지고 있어. 하지만 구럼비는 시작일 뿐이지."

"아!"

나는 충격을 받았어. 율 할아버지는 우리 돌고래 무리 중 가장 지혜로운 분이야. 어떤 질문에도 척척 대답해 줄 뿐만 아니라, 늘 인자한 미소를 잃지 않아. 그런데 지금의 할아버지는 너무나 화난 모습이야. 이렇게 화난 모습은 처음 봐. 도대체 율 할아버지가 보고 온 것은 무엇일까?

나는 율 할아버지가 하는 말을 정확히 이해할 수 없었지만, 멀리서 들려오는 저 소름끼치는 소리가 구럼비의 비명이라는 것쯤은 알고 있어. 도와 달라고 외치는 소리였고, 조심하라고 경고하는 소리였지. 내 온몸으로 느낄 수 있었어.

그런데 구럼비의 비명소리가 들리기 시작하면서부터 낯선 사람들이 더욱 많이, 자주 이곳 강정을 찾아왔어. 이렇게 찾아온 사람들은 우리 돌고래들 얘기도 하는 것 같았어. '멸종 위기 종'이라고 했던 것 같아.

인간들 말을 알아듣게 된 지 얼마 안 되어서 확실하진 않지만, 이곳에 군사 기지를 짓게 되면 우리도 사라질 거라고 말하는 것처럼 들렸지. 내가 듣기에도 맞는 말이었어.

제주 앞바다에 남은 우리 남방큰돌고래는 이제 겨우 110마리 정도야. 율 할아버지가 어렸을 때보다 훨씬 많이 줄어들었다고 해. 많은 돌고래들이 사람 손에 잡혀서 끔찍한 일을 당한다고 들었어. 그래서 우리는 더욱 똘똘 뭉쳐서 다닐 수밖에 없었지.

그런데 나는 자꾸만 많아지는 사람들의 발걸음을 보면서, 또 그들이 하는 우리 이야기나, 바다 이야기, 바위 이야기를 들으면서 어쩌면 마루가 돌아올지도 모른다는 생각이 들었어. 구럼비가 부서질 때 느꼈던 절망이 바닥을 치고 올라와 서서히 희망으로 물들어 가는 기분이었지. 왠지 내 작지만 간절한 소망이 저 사람들에게 전달되는 것처럼 느껴졌어. 저 사람들도 해녀들처럼 위험하지 않다는 걸 깨달았거든.

그렇게 아주 작은 물방울처럼, 마루가 떠났던 네 번째 '봄'이 다시 오고 있었지.

다시, 바다의 봄으로

이 이야기는 우리 돌고래 마을의 전설이 되었어.

사람 손에 잡혀 바다와 아주 멀리 떨어진 뭍으로 팔려 갔던 돌고래가 아주 험난한 모험을 끝내고 다시 집으로 돌아온 이야기지.

율 할아버지가 그랬어. 돌고래 마루가 돌아온 건 전설이 될 거라고. 마루가 죽고 마루의 아들 딸, 또 그 아들과 딸에게 전해지고 전해지는 돌고래 마을의 전설이 될 거라고.

이제껏 제주 앞 돌고래 마을에는 사람 손에 잡혔다가 다시 돌아온, 그것도 뭍으로 갔다가 다시 돌아온 돌고래는 없었으니까. 율 할아버지는 평생을 이런 전설 같은 이야기를 꿈꾸며 살았다고 했지. 그 꿈이 이루어졌으니 편히 눈을 감을 수 있다고도 했어.

돌고래 마루는 바다가 봄 햇살로 반짝이는 날에 다시 제주의 품으로 돌아왔다고 해. 그때 '자유와 평화'도 함께 데려왔다고 전해져.

꾹, 생명 발자국 둘!

돌고래와 인간은 예부터 깊은 인연을 맺으며 살아왔어요. 그런데 20세기에 접어들면서, 사람들은 동물원에 돌고래를 데려와 기르기 시작했지요. 하지만 넓은 바다를 떠나 좁은 수조에 갇혀 버린 돌고래들은 스트레스를 받아 일찍 죽게 돼요. 야생에서는 40년이나 살 수 있지만 동물원에서는 5년밖에 살 수 없어요.

★ 돌고래
- 크기 : 몸길이가 4.5m 이하이고, 종류에 따라 크기가 다양하다.
- 사는 곳 : 전 세계의 열대와 온대 바다에 두루 서식한다.
- 먹이 : 오징어·새우류·게·물고기 등

알고 싶어, 돌고래!

알면 알수록 신기한 **돌고래**의 **습성**

❶ 포유류인 돌고래는 아가미가 없어요. 대신 머리 위에 있는 분기공으로 숨을 쉬어요.
❷ 돌고래는 시력이 나빠요. 그래서 음파를 이용해 장애물이나 먹이를 구별하지요.
❸ 돌고래는 뛰어난 언어 능력을 갖고 있어요. 무려 7백 가지가 넘는 소리를 낼 수 있대요.
❹ 암컷 돌고래는 한 번에 한 마리의 새끼 돌고래를 낳아요. 돌고래 무리 안에는 어미 돌고래의 출산을 돕는 산파 돌고래도 있지요.

남방큰돌고래 제돌이 이야기

2009년, 남방큰돌고래 제돌이는 제주도 앞바다에서 불법으로 포획되었어요. 동물원에 팔려 3년 넘게 돌고래 쇼에 이용된 제돌이는 얼마 전 동물 단체와 환경 단체 등 여러 사람의 도움으로 고향 바다로 돌아가게 되었어요. 제돌이와 다른 돌고래 10마리를 불법으로 억류한 업체는 처벌을 받게 되었고요. 총 11마리 돌고래 중 6마리는 제주도로 돌아가지 못한 채 재판 기간 중 죽고 말았어요.

제돌이가 제주 가두리양식장에 도착했을 때 모습이야.

한 걸음 더 - 생각하고 실천해 보아요!

동물원에 사는 동물은 행복할까?

동물원 동물들은 대부분 야생 동물들이에요. 야생 동물이란, 사람 손에 길들여지지 않은 동물을 말해요. 자연 속에서 자유롭게 뛰놀던 야생 동물들이 동물원 우리 안에서 행복하게 살 수 있을까요? 함께 생각해 보아요.

> **동물원 동물도 권리가 있다!**
> 1. 배고픔에서 벗어날 권리
> 2. 고통, 부상, 질병에서 자유로울 권리
> 3. 정상적인 행동을 표현할 권리
> 4. 야생과 비슷한 환경에서 살 권리

우리가 도와줄게! - 동물원에 사는 동물을 돕는 네 가지 방법

❶ 친구들에게 동물원 동물들이 어떤 고통을 받고 있는지 알린다.
❷ 동물원에서 고통받고 있는 동물을 발견했다면, 동물원에 제보하고 동물의 처우를 개선해 줄 것을 요청한다.
❸ 동물원 방문 대신 영상이나 책을 활용하여 동물의 생태에 대해 알아본다.
❹ 동물들에게 고통을 주는 동물 쇼를 관람하지 않는다.

여름 늪
엄마, 난 '괴물사람'이 무서워요!

자랑스러운 내 이름, 왕이빨

사람들은 우리가 괴상하게 생긴 데다가 아무거나 닥치는 대로 먹어 치운다고 우리를 '괴물쥐'라고 하며 잡으려고 한다. 하지만 나도 우리 엄마 아빠에게는 세상에 둘도 없는 사랑스러운 아들이다.

우리가 사람들을 피해 다니기만 하니 잘 모르나 본데, 우리가 얼마나 무서운지 알게 되면 아마 더 이상 우리를 잡지 못할 거다. 대체로 우리 앞니는 길고 튼튼하다. 우리를 잡으려는 사람들의 손가락을 덥석 잡아 물기라도 하면 사람들의 손가락은 잘려 나가고 만다. 또 하천에 쌓은 단단한 콘크리트 제방도 갉을 수 있다. 실제로 우리는 콘크리트 제방을 갉아 구멍을 만들어 우리가 살 곳을 마련하기도 한다.

그런데 내 이빨은 다른 친구들이나 어른들보다 유난히 더 크다. 그래서 하루라도 장난을 치지 않으면 이빨이 부러질 것 같다는 옆집 녀석은 나를 '왕이빨'이라고 놀려 댄다. 그 녀석의 장난기는 가장 무섭고 힘세기로 소문난 이웃 아저씨조차 감당할 수 없었다.

"저 녀석! 한 번만 더 왕이빨이라고 놀리면 가만두지 않을 거야!"

나는 내 생김새를 갖고 장난치는 녀석이 몹시 얄미웠다.

"애야, 너무 신경 쓰지 말려무나. 튼튼하고 커다란 네 이빨이 부러워서 그런 걸 수도 있지 않겠니? 그리고 아빤 네 이빨이 무척이나 자랑스럽단다."

"정말이에요? 엄마도 그렇게 생각해요?"

"그럼, 엄마 눈엔 귀엽고 사랑스럽기만 한걸."

누가 뭐라고 해도 엄마 아빠가 나를 사랑스럽다고 하니, 이젠 내 왕이빨이 싫지 않다. 나도 내 왕이빨을 자랑스럽게 여길 수 있을 것 같다.

　어느새 아이들은 물론 어른들까지 모두 나를 '왕이빨'이라고 부르게 되었다. 그리고 이젠 아예 내 이름이 되어 버렸다.

　원래 우리 고향인 아르헨티나는 1년 내내 덥고 습하며 비가 많이 온다고 한다. 그래서 어른들은 아르헨티나의 날씨와 가장 비슷한 한국의 여름, 그중에서도 장마철을 가장 좋아한다. 아르헨티나의 날씨를 모르는 나도 왠지 덥고 비가 많이 오는 여름이 좋다. 아빠는 겨울은 춥기도 하지만 우리를 잡아먹으려는 참수리나 흰꼬리수리 같은 무서운 새가 있어 특히 조심해야 한다고 했다.

　며칠째 굵은 장대비가 쏟아지는 걸 보니 드디어 장마가 시작되었나 보다. 오늘도 하루 종일 이어지는 빗소리를 들으며 잠에서 깨어났다. 엄마 아빠는 내가 일어나기만을 기다리고 있었다. 내가 늦잠을 자는 바람에 우리와 함께 사는 이웃들도 아직 먹이 사냥을 나가지 못하고 있었다.

　"이 잠꾸러기 왕이빨! 너 때문에 배가 고파 죽겠단 말이야!"

　그 녀석이다. 나에게 새로운 이름을 지어 준 얄밉고도 고마운 녀석.

"미안해. 그러게 먼저 가지 그랬어……."

말도 안 되는 소린 줄 알면서도 나에게 쏠려 있는 모두의 시선이 미안하고 머쓱해서 기어들어 가는 목소리로 말했다.

우리는 늘 무리를 지어 다니기 때문에 누구 하나가 혼자 다니거나, 누구 하나를 떼어 놓고 다니는 일은 없다.

"오늘은 날씨가 좋아서 봐주는 줄 알아. 한 번만 더 늦잠 자면 정말 떼어 놓고 갈 거야."

우리는 여기저기 헤엄쳐 다니며 배를 채웠다. 지금 우리 할아버지의 할아버지들은 풀잎이나 풀뿌리만 먹고 살았다는데, 지금 우리는 고기도 먹을 수 있게 되었다. 나는 그중에서도 철새와 철새 알을 가장 좋아한다.

늦잠 잤다고 나한테 온갖 잔소리를 해 대던 그 녀석은 오늘도 얌전히 넘어가지 않았다.

"야, 왕이빨! 저쪽 둑 너머에 농가가 있는데 그 집 창고에 먹을 게 산더미처럼 쌓여 있더라. 오랜만에 포식 한번 해 볼래?"

"안 돼! 위험해. 거긴 사람이 사는 집이잖아. 함부로 갔다가 잡혀 죽을지도 몰라."

"에이, 겁쟁이. 잠꾸러기에 겁쟁이가 이빨은 또 왜 그렇게 큰 거야? 그럼 나 혼자라도 가야겠다."

"어서 돌아와. 어른들이 알면 큰일 난다고!"

내가 말렸지만 그 녀석은 뒤도 돌아보지 않고 사라졌다.

'아, 어쩌지? 혼자 가게 내버려 두면 저 녀석 큰 사고를 치고 말 거야. 어른들에게 이르면 혼쭐이 날 테고.'

나는 별일이야 있을까 싶어 어른들 몰래 그 녀석의 뒤를 좇았다. 멀리서 부스럭, 바시락 소리가 들리는 걸 보니 녀석이 벌써 작업을 시작한 모양이다. 소리를 듣고 나니 어느새 나도 군침이 돌았다. 조금 서두르면 달콤한 고구마 몇 개라도 먹을 수 있을 거라고 생각하니 마음이 급해졌다.

"야! 널 혼자 보낼 수 없어서 내가 뒤따라왔다. 나 같은 친구가 세상에 또 어디 있겠냐? 그러니까 제발 날 좀 그만 놀리라고."

창고를 뒤지느라 내가 온 줄도 모르는 녀석에게 다가가려는 순간, 나는 믿을 수 없는 광경을 보고 말았다. 깜깜한 곳에서 무언가 튀어나오더니 녀석을 힘껏 내리친 뒤 낚아챘다.

"악!"

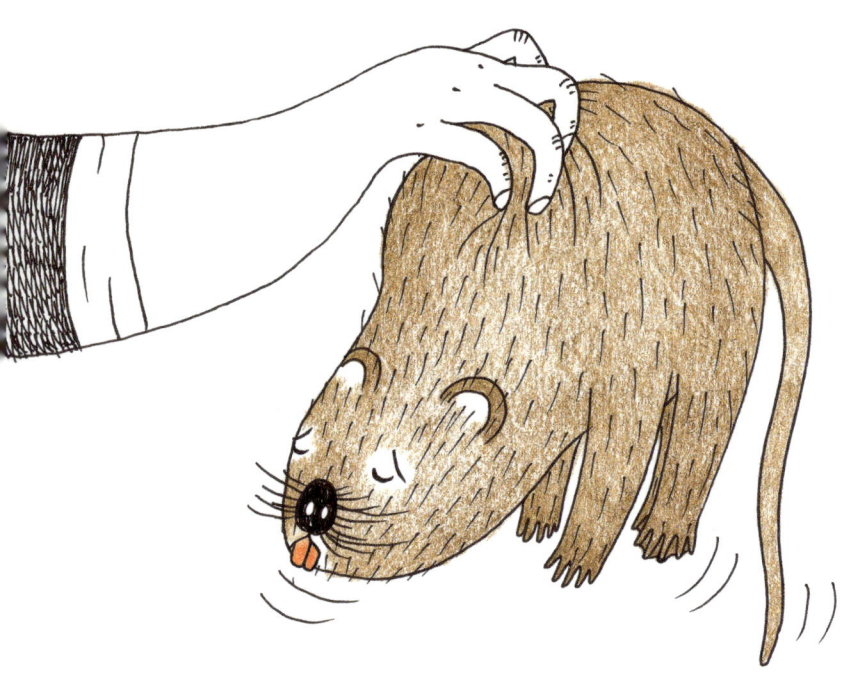

 녀석은 비명을 지르더니 이내 조용해졌다. 나는 본능적으로 후닥닥 달아났다.

 '녀석이 혼자 가게 놔두는 게 아니었어. 어른들에게 야단맞는 한이 있어도 사실대로 얘길 했어야 했어. 흑흑.'

 녀석을 남겨 두고 돌아오는 길은 멀고도 멀게만 느껴졌다.

 '미안해. 넌 나한테 왕이빨이라는 멋진 이름을 지어 준 고마운 친구였어. 그동안 떽떽거려서 미안해. 비겁하게 나만 도망쳐서 정말 미안해.'

 울면서 돌아온 나를 보고 엄마 아빠를 비롯한 이웃들이 깜짝 놀라 모두 몰려들었다.

"왜 그래? 무슨 일이야?"

"위험하게 혼자서 어딜 갔다 오는 거야?"

"잠깐, 그러고 보니 우리 애가 없어졌어요. 애야, 어디 있니? 장난치지 말고 어서 나오렴!"

"사실, 그게 말이에요……."

나는 엉엉 울며 내가 보고 겪은 일을 사실대로 이야기했다.

"잘못했어요. 못 가게 말렸어야 했는데, 어른들한테 사실대로 얘기라도 했어야 했는데… 엉엉……."

엄마는 혹시 나에게도 닥쳤을지 모르는 일을 머릿속에서 떨치려는 듯 머리를 세차게 흔들더니 나를 꼭 끌어안았다.

"아빠, 도대체 사람들은 왜 우리를 못 잡아서 안달인 거예요, 네? 우리가 무슨 잘못이라도 했나요?"

사람들이 무서웠지만 어쩐지 억울한 생각이 들어 아빠한테 따지듯 물었다. 무언가 그 녀석을 내리치던 모습이 눈앞에서 잊히지 않았다.

"괜찮아, 괜찮아. 이젠 괜찮을 거다. 사람들이 자주 왔다 갔다 하는 곳엔 얼씬도 하지 말라고 몇 번이나 말했잖니. 또 이런 일이 있어선 절대 안 된다. 명심해!"

아빠는 다시 한 번 엄하게 일렀다. 그리고 나서 큰 결심을 한 듯 한숨을 깊이 내쉬고는 다시 입을 열었다.

아빠가 들려준 우리의 이민 이야기

아빠의 이야기는 아주 오래전, 왕할머니 때의 이야기까지 거슬러 올라갔다.

아빠의 할머니, 그러니까 너한테는 왕할머니가 되는구나. 왕할머니는 왕할아버지와 함께 원래 우리 고향인 아르헨티나에서 대가족을 거느리고 살고 있었어. 그런데 어느 날, 낯선 사람들이 다가와 쇠창살로 만든 커다란 상자에 왕할머니를 비롯한 여러 가족들을 몰아넣었지. 왕할머니는 영문도 모른 채 가족들과 생이별을 하고 한국에 오게 되었어.

사람들은 시험 삼아 왕할머니를 잡아다가 번식을 시켜 돈을 벌 욕심이었던 거야. 다른 동물들의 털과 가죽에 비해 우리 것은 가격이 싸서 당시 사람들에게 인기가 많았다고 하더구나. 그래서 우리 털과 가죽으로 옷을 만들어 팔고, 살은 다른 동물들이나 사람들의 먹을거리로 판 거지. 그런데 고향인 아르헨티나에 비해서 한국은 너무 추운 나라였어. 그래서 왕할머니는 한국의 겨울 추위를 이기지 못하고 끝내 세상을 떠나고 말았단다.

  2년 뒤, 왕할머니를 데려간 사람들과 비슷하게 생긴 사람들이 그때와 마찬가지로 커다란 상자를 들고 고향에 또 나타났대. 그래서 네 할아버지는 왕할머니를 만나기 위해서 일부

러 그 안으로 들어간 거야. 그 사람들과 함께 가면 왕할머니를 만날 수 있을 거라고 생각했던 거지.

네 할아버지는 한국의 어느 농장에 도착했대. 그곳에서 왕할머니를 찾으려고 애를 썼지만, 사람들이 하는 얘기를 듣고 왕할머니가 이미 세상을 떠났다는 사실을 뒤늦게 알게 되었다고 했어. 네 할아버지는 가족들을 뿔뿔이 흩어 놓은 사람들에게 느낀 분노가 두려움보다 컸다고 해. 그래서 어떻게든 살아남아야겠다고 결심했고, 새로운 가족을 꾸렸어. 그래서 태어난 게 바로 이 아빠란다. 아빠가 태어나자 할아버지 할머니는 더욱 악착같이 살아야 할 이유가 생긴 셈이지. 엄마 아빠에게 네가 목숨보다 소중하듯이 할아버지 할머니에게도 아빠가 소중했겠지.

아빠가 어느 정도 자랐을 때, 사람들이 좀 더 잘살게 되자 더 이상 우리에게 관심을 보이지 않았어. 우리가 징그럽게 생겼다고 우리의 털과 가죽도 찾지 않았고, 살은 더더욱 찾지 않았어. 그러니 우리를 키우던 사람들은 돈을 벌기는커녕 손해를 보게 된 거지. 심지어 어떤 집에서는 우리를 하천이나 근처 논밭에 내다 버리기도 했어. 오히려 우리에게는 잘

된 일이었지.

　할아버지와 할머니, 아빠도 주인이 신경 쓰지 않는 틈을 타서 탈출하는 데 성공했어. 그 뒤 먹을거리를 찾아 이리저리 옮겨 다니며 터전을 닦았지. 주로 물속에서 살면서 풀잎과 풀뿌리만 먹던 할아버지 할머니는 한국에서 사람들에게 키워지면서 사료 같은 낯선 음식을 처음으로 먹기 시작했다고 했어.

　그런데 탈출하고 나니 사람들이 챙겨 주던 낯선 먹을거리마저 먹을 수가 없게 된 거야. 우리가 닥치는 대로 먹기 시작한 것도 바로 그런 이유였지. 풀만 먹고는 우리 힘으로 소중한 가족을 지키며 살아갈 수 없었기 때문이야…….

　할아버지 할머니는 나이가 들어 눈을 감는 순간까지 아빠를 지켜 주었어. 그 덕분에 아빠는 네 엄마를 만날 수 있었고, 소중한 너를 얻을 수 있게 되었지. 그런데 이제 와서 사람들은 우리가 닥치는 대로 아무거나 먹어 치우는 바람에 자연이 훼손되고 생태계가 파괴된다는 이유로 우리를 무자비하게 잡고 있어.

아빠는 긴 이야기를 끝내고 눈물을 훔쳤다. 아빠의 이야기를 모두 듣고 나니 농가의 창고에서 잡힌 그 녀석이 떠올랐다. 밤마다 먹을거리를 찾으러 나가는 일조차 두려워졌다. 그 녀석의 마지막을 목격한 뒤로 나는 가장 좋아하는 철새와 철새 알도 먹지 않았다. 자식을 잃고 하루하루를 악몽 속에서 시달리는 그 녀석의 가족도 마찬가지였다.

그래서 우리 가족과 그 녀석의 가족, 그리고 우리와 함께 떠나겠다는 몇 가족은 그 녀석과의 추억이 없는 새로운 곳으로 떠나기로 했다.

우리는 한참을 헤엄친 끝에 우포늪이라는 곳에 닿았다. 사람들이 '천연기념물'이라는 것으로 보호하고 있다더니 과연 살기 좋은 곳이었다. '천연기념물'이란 먹을 게 많은 곳이라는 뜻인가 보다. 지금까지는 먹어 보지 못한 풀잎과 풀뿌리, 곡식, 물고기 등이 곳곳에 널려 있었다.

낯선 곳으로 옮겨 왔지만 풍요로운 먹을거리 덕분에 우리는 금세 적응할 수 있었다. 그러나 행복하고 평화로운 날들은 얼마 가지 못했다. 이곳 사람들 역시 우리를 잡으려고 안달이었다. 먹을거리가 풍부하다는 소문이 어느새 퍼졌는지 우리 말고도 이곳으로 이사 오는 뉴트리아 가족들이 많아졌기 때문이다. 아니, 사람들은 우리가 많든 적든 어떻게든 우리를 잡으려고 했을 거다.

원래 우리 고향인 아르헨티나에서는 오히려 우리의 종 수가 줄어서 멸종 위기 종으로 관심까지 받고 있다고 한다. 우리처럼 낯선 나라로 가서 괄시를 받으며 천덕꾸러기 신세가 된 친구들이 많다는 증거겠지.

사람들은 약속이라도 한 것처럼 우리를 '괴물쥐'라고 불렀다. 내가 보기엔 우리보다 더 많은 것들을 먹어 치우는 사람들이 더 괴물 같다. 심지어 처음에 한국으로 온 우리 조상들도 잡아먹었으니까.

'괴물사람'이 사는 동네에 생긴 일

우리는 사람들 때문에 주로 밤에 활동한다. 먹잇감도 밤에 찾으러 다니고 물놀이도 밤에 한다. 가끔은 낮에 돌아다니기도 한다. 오늘 같은 날이 바로 그런 날이다. 아직 어두워지지도 않았는데 어른들이 모두 모여 있었다. 분위기가 여느 때

와는 사뭇 다르다. 사람들 사는 동네에 큰일이라도 났나 보다. 아빠 뒤에 숨어 살짝 내다보니, 비가 오는 날인데도 태양보다 더 눈부신 빛이 비치고 있었다.

"큐!"

"네, 저는 우포늪을 지키는 주민 환경 감시원입니다. 아, 그러니까 제가 뉴트리아를 잡기 시작한 건 약 팔 년 전부터입니다. 아마 제가 잡은 뉴트리아만 해도 육백 마리 이상은 될 겁니다. 생태계 교란이고 뭐고 어렵게 말할 필요도 없이, 이것들이 수중 식물들을 다 갉아 먹어 버려요. 새로 자라는 것들도 다 잘라 먹고, 작은 새나 청둥오리, 물고기들도 다 잡아먹어요.

저 아래 지방에서는 비닐하우스에 들어가서 농작물까지 다 망가뜨린대요. 그러니까 결국 사람들까지 못 살게 만드는 거죠. 또 번식력은 얼마나 좋은지, 이러다가 사람보다 뉴트리아가 더 많은 시대가 올지도 모른다니까요. 오죽하면 뉴트리아를 잡으면 돈을 다 주겠어요. 그런데 그마저도 이제 바닥이래요. 이게, '아이고, 큰일이구나!' 하고 그냥 넘어갈 일이 아니에요. 보통 심각한 일이 아니라니까요."

"컷! 좋아요. 아주 잘하셨어요. 내일 아침 뉴스에 나올 거예요."
"예, 살펴 가세요. 우포늪 걱정은 마세요."

'뉴스? 내일 아침? 우리를 잡으면 돈을 준다고?'
그 아저씨는 우리가 문제라고 얘기하는 것 같은데 잘 이해가 되지 않았다.
"아빠, 뉴스가 뭐예요? 저 아저씨도 우리가 나쁘다고 얘기한 거죠? 흥!"

아빠는 어서 굴에 들어가 있으라고만 했다. 다른 어른들도 마찬가지로 나 같은 어린 애들은 얼씬도 못 하게 했다.

뭔가 분위기가 심각해 보여 일단 굴로 돌아오긴 했지만 궁금하고 불안해서 견딜 수가 없었다. 빗속에서 태양보다 눈부신 빛을 받으며 얘기하던 아저씨의 말을 다시 곰곰이 생각해 보았다.

맨 처음엔 우리를 춥고 낯선 곳으로 데려와서 돈벌이를 하더니, 이제 겨우 한국에 적응해서 잘 살고 있는 우리를 다시 잡아들여서 또 돈을 받는다고? 우리가 닥치는 대로 모두 먹어 치우게 된 데에는 사람들의 책임도 있는 거라고 아빠가 그랬는데 아무리 생각해도 억울하다. 한국이라는 곳이 좀 춥긴 하지만 우리를 잡아먹거나 해치는 다른 동물들이 없어서 살기 좋다고만 생각했는데, 인간들이 있는 한 꼭 그렇지는 않은 것 같다.

하긴, 이 근처로 자주 산책 나오는 눈이 크고 얼굴이 까만 아저씨가 누군가에게 이야기하는 걸 들은 적이 있다.

"나 돈 마뉘 벌으려고 한쿡에 왔어요. 한쿡말 너무 어려워요. 그런데 공장에 들어가게 됐어요. 기분 좋았어요. 거기서 시키는 대로 일 욜씸이 아주 마뉘 했어요. 며칠 동안 밤에 잠 못 자고 일했어요. 그런데 일하다가 너무 잠이 와서 감박 졸았어요. 그때 으아악! 내 손 이렇게 된 고예요. 큰 기계에 손 들어가서. 돈도 안 마뉘 줬어요. 병원에 돈만 초큼 내줬어요.

그러더뉘 나 보고 나가래요. 그만 공장 오래요. 나 고향보다 한쿡 마뉘 추워서 힘들었어요. 이젠 추운 거 이길 수 있어요. 그런데 또…… 이제 돈을 벌으지 않으니까 한쿡에 없어도 돼요. 나 고향 가고 싶어요. 하지만 돈 엄써요. 비행기 돈 비싸서 고향 못 가요."

까만 아저씨는 커다란 눈에 눈물을 글썽였다. 그러고 보니 손에 붕대를 감은 뒤로는 회사에 안 나가는지 여기서 보내는 시간이 길어졌다. 처음엔 그 아저씨도 우리를 잡으려고 안달인 사람들과 똑같은 줄 알고 피해 다니며 눈치를 살폈는데, 이야기를 듣고 보니 우리랑 같은 처지였다.

사람이 만물의 영장이라더니, 그건 이기적이고 욕심이 많다는 뜻인가 보다. 역시 사람들은 '괴물'이야.

우리는 또 어디로 가는 걸까?

혼자서 골똘히 생각에 잠겨 이빨을 바득바득 갈고 있는 사이 엄마 아빠가 돌아왔다. 여전히 표정은 어두웠지만 뭔가 대단한 결심을 한 것 같았다.

"얘야, 우린 이곳을 떠나기로 했어. 이번엔 좀 먼 곳으로 갈 거야. 힘들긴 하겠지만 살기 위해선 그럴 수밖에 없단다."

"어디로요? 거기에도 먹을 게 많겠죠? 괴물사람도 많을까요?"

"글쎄…… 그건 가 봐야 알겠지? 우리 아들도 이젠 다 컸으니까 할 수 있을 거야. 그렇지?"

침통한 표정의 아빠와 달리 엄마는 애써 밝은 목소리로 말했다.

"문제없어요. 이젠 나도 다 컸잖아요. 엄마 아빠를 업고 갈 수 있을 만큼 힘도 세졌는걸요."

굴 밖으로 나가니 벌써 모두들 나와 있었다.

'먹을거리가 많은 거 하나는 맘에 꼭 들었던 곳인데…….'

마지막으로 물 밖으로 고개를 삐죽 내밀고 주변을 둘러보았다. 멍하니 서서 노을빛으로 물든 연못을 바라보고 있는 까만 아저씨가 보였다.

'저 아저씬 우리를 괴물처럼 보지 않는 유일한 사람이었어. 저 아저씨도 우리가 여길 떠나는 게 아쉬운가 봐.'

"자, 어서들 떠납시다."

"얘야, 사람들이 몰래 숨겨 놓은 덫이 여기저기에 있을지도 모르니 정신 바짝 차리고 따라와야 한다. 알겠지?"

아빠 얼굴에는 긴장한 표정이 역력했다.

하지만 나는 두렵기보단 설렜다. 지금 이 순간만큼은 괴물 사람도 무섭지 않았다. 나는 이리저리 왔다 갔다 장난스럽게 헤엄치며, 마지막으로 우포늪의 먹을거리들을 먹으면서 무리의 꽁무니를 따랐다. 그런 나 때문에 아빠는 신경이 곤두서 있었다.
"으악!"
그때 무리를 거슬러 나에게 다가오던 아빠의 비명 소리가 들렸다.

그제야 나는 정신이 번쩍 들었다. 나에게 그렇게 조심하라고 이르던 아빠가 덫에 걸리고 만 것이다.

"내가 지금 무슨 짓을 하고 있는 거지? 아빠! 아빠!"

엄마가 급히 헤엄쳐 와 아빠를 힘껏 끌어당겼지만 아무 소용이 없었다. 함께 있던 어른들도 힘을 모아 아빠를 끌어당겨 봤지만 허사였다.

"아빠! 잘못했어요. 내가 장난치는 바람에, 나한테 오다가 아빠가 이렇게 된 거야. 흑흑."

나는 언제 어디에서 사람이 나타나 아빠를 잡아갈지 모르는 상황이 두려웠다. 그때 까만 아저씨와 눈이 마주쳤다. 아저씨의 커다란 눈에 눈물이 또 한 번 글썽였다.

아빠는 점점 지쳐 갔다. 아빠는 곧 사람들이 올 테니까 모두들 가던 길을 계속 가라고 했다. 그때 사람들 몇 명이 달려왔다. 사람들은 아빠를 구하려고 애쓰던 엄마도 함께 잡아갔다.

"엄마! 아, 아빠! 나 때문에 엄마 아빠가 이렇게 됐는데, 난 갈 수가 없어요. 난 못 가요! 엉엉엉."

사람들의 손이 내 목덜미를 잡으려는 순간, 주변에 숨어 있던 어른들이 엄마 아빠에게서 나를 억지로 떼어 냈다. 내가 아무리 발버둥을 쳐도 어른 여러 명의 힘을 당해 낼 수는 없었다.

"아이고, 한 마리는 아깝게 놓쳤군. 그래도 두 마리나 잡았네. 하하하."

"이게 웬 횡재야! 이런 걸 보고 일석이조라고 하나 보군. 이게 돈이 얼마야."

"자네, 한턱내야겠네 그려. 껄껄."

이제 난 고아가 되었다. 엄마처럼 아빠처럼 나를 끝까지 보살펴 주겠다는 이웃 어른들이 있었지만 그 누구도 엄마 아빠 대신이 될 순 없었다. 그 뒤로도 더 많은 어른들과 친구들, 동생들이 사람들에게 잡혔다. 그러나 그런 중에도 끊임없이 새 생명이 태어났다.

그래서 사람들의 바람처럼 우린 수가 줄거나 힘이 약해지지 않았다. 그 덕분에 우리 모두는 힘을 모아 새로운 곳으로 떠날 수 있었다.

꾹, 생명 발자국 셋!

뉴트리아가 우리나라에서 살기 시작한 건 약 28년 전부터예요. 당시 우리나라는 지금처럼 소득이 높은 나라가 아니었어요. 그래서 뉴트리아를 수입해 털과 가죽으로 옷을 만들고, 고기는 사료나 식용으로 팔았지요. 그런데 더 이상 사람들이 뉴트리아 털과 가죽, 고기를 찾지 않자 농가에서는 천덕꾸러기가 된 뉴트리아를 야생에 마구 버렸어요.

★ 뉴트리아
- 크기 : 몸길이는 43~63cm, 꼬리 길이는 약 22~42cm이다.
- 사는 곳 : 아르헨티나·우루과이·파라과이·칠레 등 주로 남아메리카의 하천이나 연못의 둑에 서식한다.
- 먹이 : 수중 식물의 잎과 뿌리, 작은 곤충 등

알고 싶어, 뉴트리아!

우습고 재미있는 **뉴트리아의 생김새**

❶ 다갈색에서 흑갈색 털이 몸을 덮고 있으며, 흰색 털의 뉴트리아도 있어요.
❷ 긴 꼬리에는 드문드문 긴 털이 있고, 비늘이 있어요.
❸ 네 개의 다리는 짧고, 뒷다리의 첫째 발가락과 넷째 발가락 사이에 물갈퀴가 있어요.
❹ 앞니는 주황색으로 매우 크고 힘이 세서 콘크리트 제방도 갉을 수 있어요.

초식 뉴트리아가 잡식 '괴물쥐'가 되기까지

농가에서 함부로 버려진 뉴트리아는 기하급수적으로 번식해 지금은 셀 수 없을 정도로 그 수가 많아졌어요. 수중 식물은 물론 물고기, 철새, 철새 알, 농작물 등 뭐든지 가리지 않고 먹어 치워 우리나라 생태계를 위협하고 있지요. 원래 초식 동물로 성격이 순한 뉴트리아지만, 우리나라에 와서 원래의 모습과는 다른 방향으로 적응한 까닭이에요. 뉴트리아로 인한 생태계 파괴가 얼마나 심각한지 국립환경과학원에서는 홍보 포스터까지 만들어 배포할 정도예요.

한 걸음 더 - 생각하고 실천해 보아요!

생태계 교란, 뉴트리아만의 잘못일까?

뉴트리아는 천적이 없어 우리나라 생태계 최고의 포식자로 자리매김하며 자연스러운 흐름을 훼손하고 있어요. 2009년에는 생태계 교란 생물로 지정되었고, 생태계 보존을 위해 포획할 수밖에 없는 상황이에요. 하지만 정작 본고장에서는 무분별한 포획과 수출로 멸종 위기 종이 되었다고 하니 모순이 아닐 수 없지요?

> **생태계 교란 야생 생물**
> 번식력이 강한 외래종은 토종 서식지를 잠식하여 생태계의 균형을 깨뜨리고 생물의 다양성을 떨어뜨리는 심각한 문제를 일으키지요. 현재 우리나라에는 뉴트리아를 비롯해 황소개구리, 꽃매미 등 18종이 생태계 교란 야생 생물로 지정되어 관리되고 있어요.

우리가 도와줄게! - 생태계를 지키기 위해 우리가 할 일

❶ 주변에 있는 생물들에 관심을 가지고 관찰하는 습관을 들여요.
❷ 잘 모르는 동물을 자연 환경에 풀어 주거나, 집으로 데려오지 않아요.
❸ 자연은 손이 아닌 눈으로 보고 느껴요.

가을, 인간의 길에서
고라니 재판, 인간을 고발합니다!

내 재판 구경하러 올래?

"안녕하십니까? 제가 서 있는 이곳은 '고라니 재판'이 열릴 법원 앞입니다. 지난달 한밤중에 교통사고를 당한 복작 군이 정부를 상대로 손해 배상을 청구했습니다. 오늘 드디어 판결이 나는데요. 이 소송 결과에 동물뿐만 아니라 사람들의 이목이 쏠리고 있습니다."

안녕! 이 뉴스의 주인공 복작이라고 해. 나는 설악산 자락의 냇골에 사는 복작노루, 즉 고라니야. 고라니가 왜 법원 앞에 있냐고? 그건 붕대를 감고 있는 내 뒷다리 때문이지. 이 많은 사람들이 모두 나를 보기 위해 이곳에 모여들었어.

아빠는 내가 태어났을 때 가족들과 복작이며 살라고 고라니의 별명을 따서 '복작'이라고 이름을 지어 주었어. 지금 생각해 보면 이 이름이 고라니 가족들이 아니라 사람들로 복작거리게 만드는 이름이었나 봐. 내가 태어난 뒤에 동물을 포함해서 이렇게 많은 눈이 나를 향한 건 아마 처음일 거야.

이게 다 그날의 사건 때문이지 뭐야. 얌전히 사는 고라니를 괴롭힌 건 바로 인간들이야. 내 억울함을 호소하고 싶은데 동물이 할 수 있는 것이 없대. 그래서 나는 인간들의 법으로 그들을 혼내 주기로 했어! 바로 오늘이 내 재판 결과가 나오는 날이야.

모두 내 재판 구경하러 올래?

"지금부터 재판을 시작하겠습니다."

판사님이 재판의 시작을 알리면서 내 긴 싸움은 시작됐어.

나를 대신해 재판을 이끌어 나갈 변호사 아줌마가 내 사연을 읽어 나가기 시작했지. 나는 눈물이 날 것 같았지만 꾹 참고 내 차례를 기다렸어. 양측 변호사들이 이야기를 끝내고 내가 첫 번째 증인으로 판사님 앞에 서게 되었지.

"원고 복작 군. 있는 사실을 그대로 말해 보세요. 그날 무슨 일이 있었죠?"

"그날은 낮에 가을비가 내린 뒤라 안개가 자욱한 저녁이었어요. 설악산은 산세가 험해서 자주 안개가 끼곤 해요. 우리 고라니들은 새벽과 해 질 녘에 주로 먹이를 찾아 밖으로 나가거든요. 그날도 어김없이 먹이를 찾아 나섰어요. 원래는 엄마와 함께 다니지만 그날은 엄마가 낮에 비를 맞고 열이 있어서 저 혼자 길을 나섰죠. 저도 이제 조금만 있으면 예쁜 색시를 맞이할 수 있는 어른이 되거든요……."

그날은 정말 어느 때보다 짙은 안개가 낀 날이었어.

할아버지의 할아버지부터 이곳 냇골에 자리를 잡고 산 우리 고라니들은 아무리 험한 산세라도 길을 잃지 않아. 귀신같이 우리가 살던 곳으로 되돌아가지. 하지만 그놈의 '도로'가 생기면서 집에 돌아오지 않는 친척들이 늘기 시작했어.

지난봄, 쿵쾅쿵쾅 소리가 요란하더니 우리 집이 자리한 골짜기와 냇가 사이에 길고 시커먼 길이 생겼어. 그리고 그 사이로 요상한 물체가 씽씽 달리기 시작했지.

"엄마, 저게 뭐예요?"

"저건 인간들이 타고 다니는 자동차란다. 부엉이 아저씨 말로는 인간은 우리처럼 빨리 달릴 수 없어서 저런 요상한 것을 타고 다녀야 한다고 하더구나."

"진짜요? 그럼 재랑 달리기해 볼래요."

"또, 또! 절대 안 돼! 다치면 어쩌려고. 다 큰 녀석이 왜 이렇게 철이 없니?"

엄마는 함부로 그 근처에 가지 말라고 당부했어.

꼭 엄마의 당부 때문만이 아니라, 그 긴 길을 피해 냇가로 가는 게 좋겠단 생각이 들었지. 씽씽 달리는 게 신 나 보였던 그 자동차라는 것이, 가까이 다가가 보니 호랑이만큼이나 무서워 보였거든. 그런데 아무리 둘러봐도 그 자동차 길을 건

너지 않고는 냇가로 갈 수 있는 방법이 없었어.

 우리는 밤마다 냇가로 꼭 놀러 나가. 우리는 물을 좋아하고 그곳 들판에는 산보다 먹이도 많거든. 그럼 왜 냇가에 살지 않느냐고? 우리가 좀 까다로워서 잘 때는 꼭 마른 나뭇잎을 덮고 자야 해. 그래서 우리 가족은 매일 밤 '도로'를 건너야만 했지.

 사고가 나던 날은 비가 많이 온 뒤라 냇골에는 동물들도 자동차도 없이 고요했어.

 "엄마, 오늘은 자동차 녀석들도 별로 없으니까 혼자 다녀올게요."

 "먹이는 내일 엄마가 구해 올 테니 오늘은 집에 있으렴."

 "엄마도 참! 저도 다음 달이면 장가갈 나이라고요. 오늘은 한눈 안 팔고 금방 다녀올게요."

 나는 아픈 엄마에게 자신 있게 말했지.

 그러고는 한걸음에 도로로 뛰어갔어. 몇 번 달리는 자동차를 요리조리 피해 무사히 다닐 수 있었던 터라 처음보다는 덜 두려웠거든.

 짙은 안개 때문에 평소보다 더 예민하게 주위를 살피며 도로 중간쯤 뛰어갔을 때였어. 갑자기 안개 속에서 붉은 괴물이 달려오는 게 아니겠어? 난 무서워서 한 발자국도 움직일 수가 없었지.

"어? 으아악!"

부-웅. 끼이익! 괴물처럼 커다란 차는 속도를 줄일 새도 없이 나를 덮쳤어. 내 몸이 붕 날아오르는가 싶더니, 이내 쿵 하고 바닥으로 떨어졌어.

감기는 눈을 억지로 떠 보니 다리가 붉게 물들고 있었어. 일어나려고 버둥거려 봤지만 다리가 말을 듣지 않았어. 사람

들이 다가오는데도 도망칠 수가 없었지. 태어나서 이렇게 겁이 났던 적은 처음이야.

'어, 엄, 엄마……. 엄마가 기다리고 있을 텐데. 어서 먹이를 먹고 조금 더 크면 어른이 될 수 있을 텐데.'

마음은 바쁜데 계속 잠이 쏟아지지 뭐야. 눈앞의 안개가 점점 짙어지고 있었어.

정말 억울해!

끼이익, 쾅!

"이 비디오는 복작 군이 자동차에 치였을 때 차에서 녹화된 영상입니다. 복작 군은 먹이를 구하기 위해 이 위험한 도로를 건너다녀야만 했습니다. 생존을 위해 날마다 목숨을 걸어야만 했던 것이지요."

변호사 아줌마는 어려운 말로 많은 사람들에게 내 이야기를 들려줬어.

변호사 아줌마를 만난 건 정말 행운이야. 아줌마가 아니었다면 지금쯤 나는 화병이 나서 우는 것 외에 할 수 있는 것이 없었겠지.

아줌마를 만난 건 나를 치료해 준 동물 병원에서였어. 동물 병원에는 나처럼 다친 야생 동물들을 도와주기 위해 많은 사람들이 모여 있었지. 동물 박사님이나 식물 연구가 같은 분들과 수의사 선생님, 환경 운동가 등 여러 곳에서 일하는 분들이었어. 변호사 아줌마도 그중 한 사람이었어.

병원이 떠나가라 웃으며 이리저리 뛰어다니는 아줌마는 우람한 체구에 큰 목소리와는 달리 엄청 꼼꼼하고 똑똑한 분이래. 하지만 나는 한 번도 변호사 아줌마와 이야기해 본 적이 없었어. 모두들 나를 도와주려고 애를 썼지만 나는 힘없이 축 늘어져 있었지. 당시엔 망가진 다리 때문에 내 마음도 망가져 있었거든.

수의사 선생님은 정성으로 나를 보살펴 줬어. 덕분에 상처가 깊은 다리를 빼고는 조금씩 건강해지고 있었지.

"얘야. 이것 좀 먹어 보렴. 먹어야 빨리 나을 게 아니니?"

"선생님, 다리는 언제쯤 나아 걸을 수 있나요? 얼른 집으로 돌아가고 싶어요."

갑자기 수의사 선생님의 얼굴이 어두워졌어.

"그게 말이다……. 혹시 동물원이라고 들어 봤니? 그곳에서는 이렇게 위험에 처할 필요 없이 맛있는 먹이도 먹고 편하게 살 수 있단다."

"저는 엄마에게 돌아가야 해요."

"미안하다. 네 한쪽 다리는 완전히 낫기는 힘들 것 같구나. 이 상태로 숲에서 사는 건 힘들단다."

"네?"

그날부터 인간을 미워하기로 했어. 숲으로 돌아갈 수 없다니! 나는 다친 동물들을 도와주러 오는 사람들에게 화내며 소리쳤어. 화내다 지쳐 잠들고 또 울다 잠들기를 반복했지.

그러던 어느 날, 나는 수의사 선생님한테 말했어.

"저는 제 다리를 이렇게 만든 인간들을 용서할 수 없어요! 이 몸으로는 가족들에게 돌아갈 수도 없어요. 아직 예쁜 색시도 못 만났는데……. 어떻게든 이 잘못을 따져야겠어요!"

"정말 미안하구나. 우리가 해 줄 수 있는 건 인간들을 대신해 너에게 사과하고 치료하고 돌봐주는 것밖에는 없구나."

내가 막 분노의 불꽃을 내뿜으려던 그때, 나보다 두 배는 더 큰 목소리가 불쑥 울려 퍼졌어.

"그거야말로 억울한 거죠! 그런 걸 고치라고 법이 있는 거예요!"

바로 변호사 아줌마였지.

아줌마는 재판이니 동물법이니 이상한 단어를 말하며 나보다 더 무서운 얼굴로 화를 냈어. 정작 화내야 할 내가 아줌마를 말려야 할 정도였다니까.

겨우겨우 아줌마를 진정시키고 들어 보니까 그 재판이라

는 거 동물 회의랑 비슷한 것 같더라고. 가끔 동물 친구들끼리 문제가 생겨 다투게 되면 부엉이 아저씨가 모두의 이야기를 듣고 문제를 해결해 주거든.

그래서 난 소리쳤지.

"아줌마, 우리 그거 해요. 재판!"

생태 통로? 그게 뭐야?

"저는 정말 억울합니다. 우리가 할아버지의 할아버지 때부터 다니던 길을 인간들 멋대로 바꿔 놓고는 그들 말에 따르라니요. 전에는 우리 고라니들이 사람들에게 큰 피해를 준 적 있나요? 그래 놓고도 죄가 없다니 정말 뻔뻔하군요. 저는 다행히 살아 있지만 불쌍한 제 친구들이 그 길 위에서 얼마나 많이 하늘 나라로 떠나야 했는지도 모르면서……. 저는 제 다리 때문만이 아니라 동물 친구들을 대표해서 꼭 인간들에게 죗값을 받아야겠어요!"

하고 싶은 말이 많았는데, 왈칵 눈물이 쏟아지는 바람에 말을 멈출 수밖에 없었어.

변호사 아줌마는 괜찮다면서 나를 위로해 줬지. 내 이야기를 다 들은 판사님이 반대편 사람에게 말할 기회를 줬어.

도로를 만든 정부라는 곳에서 온 사람이었어. 그 정부라는 곳에서 인간들을 대표해서 도로도 만들고 문제도 해결한대. 나는 그 정부에 내 다리와 먹이를 책임지라고 재판을 신청한 거야. 그들이 뭐라고 변명하는지 그들의 말에 귀를 기울였지.

"재판장님, 원고 측 변호인이 간과한 사실이 있습니다. 저희는 동물들과 함께 살아갈 방법을 논의했고 그 방법을 실행했습니다. 그 방법은 바로 사람들이 동물들을 위해 만든 '생태 통로'입니다. 인간은 동물들을 위한 최소한의 의무를 다한 것이지요. 원고 복작 군은 위험하게 도로로 뛰어들지 않아도 길을 건널 방법이 있었음에도 차가 다니는 곳으로 무단횡단을 했습니다."

'생태 통로?'

난생처음 듣는 단어에 갑자기 어리둥절해졌어. 우리 동네에 그런 게 있다고?

"많은 동물들이 생태 통로를 오가며 안전하게 살아갈 수 있다는 것은 확인된 사실입니다. 복작 군만이 유독 그 길을 이용하지 않은 것이지요. 그런데도 사람들은 다친 복작 군을 치료해 주었고, 앞으로도 동물원에서 안전하게 생활할 수 있도록 최선을 다해 노력했습니다."

들어 본 적도 없는 이상한 게 있다는 것 때문에 나를 나쁜 고라니로 만들다니……. 정말 너무해!

막 큰 소리로 화내고 싶었지만 재판장에서는 떠들거나 큰 소리를 내면 안 된대. 변호사 아줌마가 재판 전에 몇 번이고 말해서 꾹 참았어. 나는 변호사 아줌마만 계속 쳐다볼 수밖에 없었지. 아줌마는 판사님한테 재판을 멈춰 달라고 말했고, 며칠 뒤에 재판을 다시 열기로 약속했어.

나는 법원을 나오면서 답답한 마음에 변호사 아줌마에게 따지듯 물었어.

"아줌마, 그 생태? 그게 뭐예요? 그것 때문에 나 재판에서 진 거예요?"

"아직 재판은 끝나지 않았어. 생태 통로는 복작이 같은 동물들이 찻길 대신 다닐 수 있게 인간들이 만든 다리란다. 혹시 본 적 없니?"

"아, 그 못난이 길! 그 쓸모도 없는 민둥산이 우리를 위한 거라니 말도 안 돼요."

얼마 전 기계 소리가 또 냇골을 시끄럽게 만든 적이 있었어. 인간들이 정신없이 움직이더니 냇골과 냇가 사이의 도로를 가로지르는 길을 만들고 거기에 나무와 풀을 다시 심더구나. 다시 심을 걸 왜 숲을 파헤쳐 놓는지 정말 인간들은 알다가도 모르겠다니까. 그 길은 인간들만큼이나 바보 같은 길이야.

변호사 아줌마는 생태 통로에 대해 조사하느라 정신이 없었지. 나에게도 그 길에 대해 이것저것 물어봤어.

"복작아. 그러면 너 말고 다른 동물 친구가 그 길이 불편하다는 걸 재판에서 이야기해 줄 수 있을까?"

"너구리 아롱이가 못난이 길 바로 앞에 살아요. 그거 만드는 소리 때문에 시끄러워서 잠도 제대로 못 자고, 자기네 집 앞 놀이터도 다 망가졌다고 투덜거렸어요."

"그래? 그럼 아롱이가 그 길에 대해 잘 알겠구나. 아롱이에게 증언을 해 달라고 하면 어떠니?"

"안 돼요! 이 다리로는 냇골에 갈 수 없어요. 이런 다리를 엄마가 보면 얼마나 속상하겠어요?"

다친 다리로 절대 냇골에는 갈 수 없다는 나를 대신해서 변호사 아줌마가 아롱이에게 갔어. 인간들을 피해 꽁꽁 숨어 있는 아롱이를 찾느라 변호사 아줌마가 고생을 많이 했대.

아롱이는 내 사연을 듣자마자 흔쾌히 증언을 해 주겠다고 하더구나. 그렇게 우리는 재판을 다시 시작할 수 있었어.

인간들은 정말 제 멋대로야

"아롱 양, 못난이 길, 즉 생태 통로를 자주 이용하나요?"

"아뇨. 거긴 민둥산에 비실비실한 나무 몇 그루밖에 없고 길도 울퉁불퉁해요. 주변에 나무도 다 베어 버려서 숨을 곳이 없는걸요. 인간들이 자주 다녀서 저도 잘 안 다니는 곳이에요. 특히 비 오는 날은 흙이 떠내려가서 절대 그곳으로 다니지 않아요."

"생태 통로 주변이 다 민둥산이 되었다고요? 더 자세히 말해 주세요."

"인간들이 공사를 시작하면서 주변 나무들이 뿌리를 내리지 못하고 시름시름 앓다가 하나둘 죽어 갔어요. 인간들은 그 나무를 치운다면서 주변에 독한 물을 뿌리고 나무를 베어 냈죠. 냄새 때문에 아기 동물들이 엄마 냄새를 찾지 못하고 길을 잃어버린 일도 많아요."

'엄마 냄새.'

재판이 시작되기 전에 만난 아롱이는 나를 애타게 찾는 엄마의 소식을 전해 줬어. 엄마가 얼마나 걱정하고 있을까? 갑자기 엄마 냄새가 어땠는지 기억이 나지 않아.

그리고 지난봄 집으로 돌아오지 못한 사촌동생이 떠올랐어. 엄마 고라니들은 먹이를 구할 때 아기 고라니를 안전하게 풀숲에 감춰 두고 먹이를 찾으러 가거든. 작은엄마가 먹이를 구해 돌아가 보니 아기는 없고 인간 냄새만 가득하더래. 도로가 생기고 나서는 낯선 냄새를 풍기는 사람들이 자주 드나들게 되었거든. 인간 냄새가 나면 가족을 찾기가 정말 어려워. 작은엄마는 하염없이 울기만 했어. 인간들은 왜 우리를 이렇게 아프게 하는 걸까?

   내가 이런 생각을 하는 동안에도 아롱이는 차분하게 여러 친구들의 슬픈 사연을 사람들에게 들려주었어.

   그리고 변호사 아줌마가 말을 이어 나갔지.

"이 사진은 피고 측이 말하는 생태 통로를 찍은 것입니다. 여기 이 사진을 보시면 공사한 뒤에 마무리가 잘 안 된 부분이 보입니다. 증인 아롱 양의 말처럼 풀 하나 제대로 나지 않고 흙바닥이 선명합니다. 복작 군이 사고를 당한 날은 가을 비가 많이 내린 날이었습니다. 만약 복작 군이 이 길을 건넜더라도 미끄러지거나 흙이 쓸려 내려가서 사고를 당할 가능성이 높지 않았을까요?"

나는 고개를 끄덕이며 변호사 아줌마의 말을 듣고 있었지. 사람들도 모두 변호사 아줌마의 말이 옳다는 표정이었어. 다음에는 동물 박사님 차례였어.

"박사님, 이 생태 통로가 복작 군과 같은 고라니들이 다니는 데 어떤 문제가 있나요?"

"지금 이 생태 통로의 위치는 동물이 아닌 인간의 관점에서 만들어진 것입니다. 이 자료를 보면 고라니는 물을 좋아해서 산림의 서식지와 저지대 습지를 오가는 행동 습성을 보입니다. 그래서 이 위치보다는 사고가 난 지점이 활동 장소로 알맞죠.

또한 사람들이 동물이 드나들어야 하는 곳을 등산로로 이용하고 있지 않습니까? 고라니는 눈과 코, 귀가 아주 예민하고 발이 빨라 사람이 잡기 매우 어려운 동물입니다. 겁이 많은 고라니는 인간을 매우 경계하죠. 따라서 고라니들이 사람의 흔적이 많이 드러나는 이 생태 통로로 다니는 것은 어렵다고 생각됩니다."

역시 박사님은 뭐가 달라도 다른가 봐. 이렇게 우리에 대해 잘 알면서 왜 우리를 미리 도와주지 않은 거지? 조금은 서운한 마음이 들었지만 지금이라도 이렇게 도와주니 감사할 수밖에. 어느덧 재판은 마지막 차례만 남아 있었어.

변호사 아줌마는 판사님과 사람들에게 진심으로 부탁했어.

"지금도 인간들의 길 위에서 수많은 동물 친구들이 죽어가고 있습니다. 그저 인간들이 편하기 위해서 우리는 친구들의 잠자리를 빼앗고 가족들과 헤어지게 만들었습니다. 우리는 동물들과 함께 살아가는 존재입니다. 그들의 슬픔과 분노를 이해해 주시길 간절히 바랍니다."

그 말에 나도 모르게 마음속에 깊이 박혀 있던 화가 쑥 빠져나가는 느낌이었지.

사실 의사 선생님이나 변호사 아줌마 때문에 이렇게 내가 사람들에게 우리 상황과 심정을 말할 수 있는 거더라고. 저기 저 앞에 있는 사람들도 변호사 아줌마와 같은 마음을 가질 수는 없는 걸까?

진짜 우리를 위한 길을 만들어 줘

재판이 끝나는 날, 많은 사람들이 결과를 보기 위해 모여들었어. 밖에는 울긋불긋 단풍잎이 떨어지고 있었지. 단풍잎도 참 맛있는데 초조해서 먹고 싶은 생각은 나지 않았어. 오로지 판사님이 들어올 문만 바라보고 있었지. 옆에 앉아 있던 변호사 아줌마가 말했어.

"복작아, 걱정 마. 다 잘될 거야."

"네, 그래야죠. 장가도 못 가고 평생 혼자 살아야 하는 마음을 판사님도 알아주실 거예요!"

"뭐? 하하하. 그래, 판사님도 그 마음 알아주실 거다."

변호사 아줌마가 법원이 떠나가라 웃고 있을 때 판사님이 문을 열고 들어왔어.

"원고는 교통사고 때문에 평생 뛰지도 못하고 제대로 걸을 수도 없게 되었다. 원고는 피고가 만든 길 때문에 다리를 다친 것은 아니나, 간접적으로 피고가 위험에 뛰어들어야만 했던 원인을 제공한 것으로 보인다. 또한 최소한의 의무인 생태 통로 또한 그 역할을 다하지 못했다고 판단되는 바…… 피고에게 손해 배상 책임이 있다."

 판사님의 말씀이 너무 어려워서 판결이 어떻게 났는지 이해가 잘 안 된다고? 한마디로 나, 고라니 복작이가 이겼다는 말씀이지!

 "우아! 해냈어요. 우리가 해냈다고요!"

 변호사 아줌마와 나는 서로 끌어안고 큰 소리로 웃었어.

 그런데 말이야. 정말 기쁜데, 그렇게 기다린 날인데 왜 자꾸 눈물이 나는지 모르겠어. 나는 이제 엄마 곁으로 당당하게 돌아갈 수 있을까?

 재판이 끝난 뒤에도 나는 집으로 바로 돌아갈 수 없었어.

 '고라니 재판'이 유명해지면서 여기저기서 나를 찾는 곳이 많아졌거든. 동물들도 인간들도 모두 내 재판에 큰 관심을 보였어. 아마 내 잘생긴 얼굴 때문이 아닐까 하는 생각이 들었지만 사람들은 내 이야기에 더 관심이 많더군.

그래서 방송을 통해 내 이야기를 더 많은 사람들에게 들려주기로 했어. 사람들에게 내 꿈도 말하고 싶었거든.

어, 이제 시작한다!

"복작 군, 재판에서 이겨 많은 돈을 받게 되었는데요. 어디에 쓸 생각인가요?"

"진짜 길을 만들 생각이에요."

"진짜 길이요?"

"재판을 하면서 사람들과 동물들이 생각하는 길이 다르다는 걸 알았어요. 사람들은 더 빨리 갈 수 있는 것을 길이라고 생각해요. 하지만 우리 동물들은 달라요. 길은 모두가 함께 걸을 수 있게 천천히 만들어 가는 것이에요."

빠른 길, 빠른 자동차. 잠시 나를 향해 달려오던 큰 자동차가 머릿속을 스쳐 갔어. 하지만 더 이상 나를 아프게 하지 못하게 만들 거야.

"우선 냇골 친구들을 위해 새로운 못난이 길을 만들 거예요. 아! 생태 통로요. 인간들의 눈이 아니라 동물들의 마음에 꼭 드는 길을 만들기로 했어요."

"아! 그렇군요. 그럼 그 길이 완성되면 집으로 돌아가는 건가요?"

"아니요. 앞으로 사람들을 찾아다닐 거예요. 사람들이 나를 보러 동물원에 오는 건 싫어요. 내 친구들을 위해서 인간들에게 내 다리를 보여 주려고 해요. 다른 동물 친구들이 나처럼 아파하지 않게 우리를 위한 진짜 길을 만들어 달라고 부탁할 거예요."

이게 내 꿈이야! 너희들도 내 부탁을 들어주지 않을래?

꾹, 생명 발자국 넷!

고라니는 전 세계에서 중국과 한국에 사는 두 종류밖에 없어요. 프랑스와 영국에도 고라니가 살고 있지만 모두 중국에서 데려온 것이지요. 우리나라에서 고라니는 농작물을 해치는 동물로 지정될 만큼 많이 살고 있지만 중국에서는 멸종 위기 종으로 보호받고 있어요.

★ 고라니
- 크기 : 몸길이는 77.5~100cm, 몸무게는 8~14kg이다.
- 사는 곳 : 중국과 한국의 산과 강가늪, 들판, 풀늪 등에 서식한다.
- 먹이 : 나뭇잎, 풀, 갈대 등

알고 싶어, 고라니!

노루일까, 고라니일까?

고라니와 노루는 모두 우리나라에서 자주 볼 수 있는 사슴과 동물이에요. 생김새가 비슷하게 생겨서 고라니는 '보노루, 복작노루'라는 별명이 붙었어요.

❶ 고라니는 노루보다 몸집이 작고, 귀가 크고 둥글어요.
❷ 노루는 수컷만 뿔이 있고 고라니는 없어요.
❸ 수컷끼리 싸울 때 노루는 뿔을 이용하고 고라니는 송곳니로 싸워요.
❹ 노루는 암수 모두 엉덩이에 하얀 털이 있지만 고라니는 없어요.

로드킬을 막는 화해의 길, 생태 통로

한 해 약 2천 마리의 고라니가 로드킬을 당하고 있어요. '로드킬(Road kill)'은 동물이 도로에서 자동차에 치여 죽는 사고를 말해요. 고라니는 서식지인 숲과 먹이가 있는 논 사이를 가로막는 도로를 건너려다가 사고를 당하는 일이 많아요. 고라니나 고양이, 다람쥐와 같은 동물들의 로드킬을 막기 위해 사람들은 생태 통로를 만들죠. 생태 통로는 야생 동물이 도로나 댐 등을 건너지 않고도 지나갈 수 있도록 만든 길이에요. 이화령 생태 통로는 87년 만에 끊어진 백두대간을 이어 자취를 감춘 야생 동물이 하나둘 모습을 드러내고 있어요. 생태 통로는 인간과 동물이 함께 살기 위한 화해의 손길이에요.

한 걸음 더 - 생각하고 실천해 보아요!

어린 동물을 데려오면 안 돼요!

어느 날 야외에 나갔다가 새끼 고라니가 홀로 있다면 어떻게 해야 할까요? 많은 사람들이 어린 야생 동물을 보면 바로 데려오는 일이 많아요. 하지만 어미가 먹이를 구하기 위해 잠깐 새끼를 숨겨 놓는 경우가 많죠. 이렇게 잘못 데려온 동물들은 다시 어미 품으로 돌아가기가 어려워요. 야생 동물을 구조하는 방법을 알아봐요!

어린 야생 동물을 만났을 때
1. 우선 동물이 다친 곳은 없는지 확인해요.
2. 다친 곳이 없는 새는 주변 나무 위에 올려놓아요.
3. 어린 고라니와 같은 포유류는 털에 윤기가 있고 코에 물기가 있다면 그대로 둬요.
4. 다친 동물을 발견했을 때는 119나 야생 동물 센터에 구조를 요청해요.

〈지식 보물창고〉는 늘 새로운 것에 대한 호기심이 가득한 어린이와 청소년을 위한 지식 곳간입니다.

❶ 바다 쓰레기의 비밀　　로리 그리핀 번스 글 | 정현상 옮김
❷ 꿀벌이 사라지고 있다　　로리 그리핀 번스 글 | 엘런 해러사이모위츠 사진 | 정현상 옮김
❸ 지구를 담은 지도　　잭 놀튼 글 | 해리엇 바턴 그림 | 임문성 옮김
❹ 자연에서 만난 시와 백과사전　　윤동주 외 글 | 마술연필 엮음 | 손호경 그림
❺ 우리 땅의 생명이 들려주는 이야기　　마술연필 글 | 소복이 그림 | 동물자유연대 감수 및 추천
❻ 지저분하고 똑똑한 과학 사전　　조이 매조프 글 | 테리 서럴 그림 | 최지현 옮김
❼ 어린이와 청소년을 위한 독도백과사전　　마술연필 글 | 이영림 그림 | 이승진(독도박물관장) 감수 및 추천

• **사진 제공 및 출처**

〈겨울 숲 _ 지리산에 반달이 뜨면〉
• 나무 위에 올라간 반달곰(32쪽) – 국립공원관리공단 종복원기술원 제공
• 밀렵꾼들이 설치한 올무(33쪽) – 국립공원관리공단 종복원기술원 제공

〈봄 바다 _ 돌고래 마을의 전설〉
• 수면 위로 뛰어오르는 남방큰돌고래(58쪽) – 제주대학교 김병엽 교수 제공
• 가두리 양식장에 도착한 제돌이(59쪽) – 동물자유연대 제공

〈여름 늪 _ 엄마, 난 '괴물사람'이 무서워요!〉
• 뉴트리아 전신(84쪽) – 국립환경과학원 제공
• 뉴트리아 관련 홍보 포스터(85쪽) – 국립환경과학원 제공

〈가을, 인간의 길에서 _ 고라니 재판, 인간을 고발합니다!〉
• 고라니 전신(110쪽) – 국립생물자원관 동물자원과장 한상훈 제공
• 생태 통로(111쪽) – 연합뉴스

지식 보물창고 4

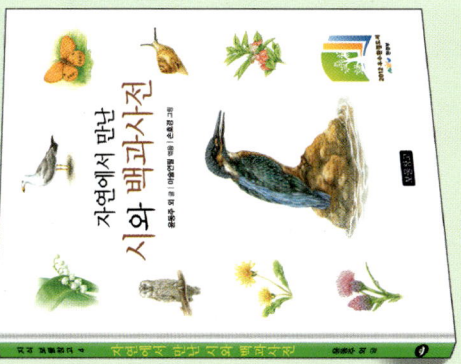

자연에서 만난 시와 백과사전

윤동주 외 글 | 마순영맘 엮음 | 손호경 그림

★ 환경부 선정 우수환경도서   ★ 〈학교도서관저널〉 추천도서

높은 빌딩에 둘러싸여 전자기기와 일방적인 소통을 하는 요즘 아이들의 회색빛 일상에 자연의 총천연색 빛깔을 입혀 주는 자연동시그림책. 자연 이야기 책으로써의 서정성도 갖췄다. - 〈독서신문〉

윤동주 시인을 비롯한 유명 시인 9명의 자연동시 12편이 수록돼 있다. 민들레, 쟁이감매기, 으름오줌, 달팽이 등을 소재로 한 동시 각 편마다 관련 이야기와 세밀화, 백과사전적 설명이 자세하게 곁들여졌다. 쉽고 자세한 설명까지 있어 교육 효과도 크다. - 〈국제신문〉

지식 보물창고 3

지구를 담은 지도

잭 놀튼 글 | 해리엇 바턴 그림 | 임문성 옮김

★ 서울특별시교육청 어린이도서관 권장도서

지도는 하늘에서 내려다본 그림이랍니다. 지도를 보며 상상의 날개를 펼칠 수 있는 사람은 세상을 한눈에 알아볼 수 있는 아주 특별한 눈을 갖게 될 것입니다.
- 신형건(시인, 비평가)

먼 옛날 조상들은 먹을거리와 깨끗한 물을 찾고, 집으로 돌아가기 위해 지도를 만들었다. 문명이 발달할수록 더 좋은 지도가 필요했고, 지도를 만드는 기술은 점점 발달했다. 지도 언어만 제대로 알면 산, 바다, 우리 동네까지 훤히 읽을 수 있다. - 〈어린이동아〉

지식 보물창고 1

바다 쓰레기의 비밀
로리 그리핀 번스 글 | 정현상 옮김

★ 보스턴글로브 혼북 상 '논픽션 부문' 수상작
★ 환경부 선정 우수환경도서 ★ 〈아침독서〉 추천도서

바다에 아무 생각 없이 버린 쓰레기 하나가 어떻게 이동하고 환경에 어떤 영향을 미치는지 설명한다.
바다에 버려진 쓰레기의 이동 경로를 추적하는 해양학자의 실제 이야기, 바다 쓰레기를 추적하는 과정에서 위도와 경도, 파도, 해류 등 해양 과학에 대한 설명을 자연스럽게 바다와 녹여 냈다. 쓰레기도 뒤덮인 해변 사진이 독자들에게 바다 환경, 나아가 지구를 위해 해야 할 일을 고민하게 한다. - 《소년한국일보》

바닷속 생각 없이 버린 '노픽션 부문' 수상작 하나가 어떻게 이동하고 환경에 - 《조선일보》

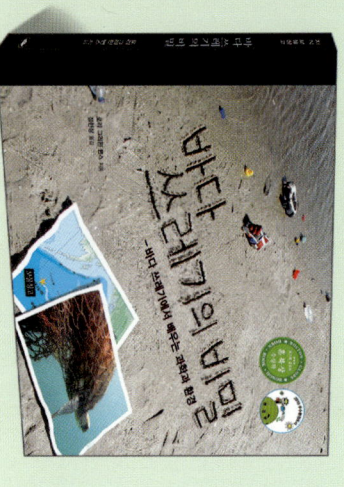

지식 보물창고 2

꿀벌이 사라지고 있다
로리 그리핀 번스 글 | 엘런 해러사이모위츠 사진 | 정현상 옮김

★ 〈아침독서〉 추천도서 ★ 어린이도서연구회 추천도서 ★ 〈책따세〉 추천도서 ★ 미국도서관협회 선정 주목할 만한 어린이 책
★ 국립어린이청소년도서관 사서 추천도서

어린이들은 사라진 꿀벌을 찾기 위해 나서는 흥미로운 이야기를 읽으면서 꿀벌이 인간의 지나친 욕심 때문이며, 꿀벌이 사라지면 원인의 생명까지 위협받을 알게 될 것이다. - 《소년한국일보》

집 꿀벌을 관찰하는 듯한 착각을 불러일으킬 정도로 늘랍고 생생한 사진을 풍부하게 싣고 있다. - 《조선일보》

지식 보물창고

세상엔 궁금한 게 참 많지요?
지식 보물창고는 늘 새로운 것에 대한 호기심이 가득한 어린이와 청소년을 위한 지식 굿간입니다. 알찬 정보만 쏙쏙 골라 담은 지식 보물창고에서 생각의 지평을 넓혀 보세요.

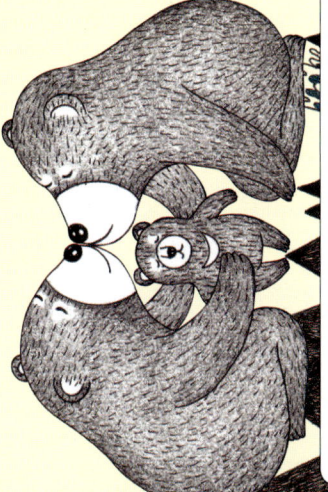

보물창고 www.prooni.com 전화 02-581-0334~5 이메일 prooni@prooni.com
카페 cafe.naver.com/prbm 블로그 blog.naver.com/proonibook

어린이와 청소년을 위한 독도 백과사전

미술연필 글 | 이영림 그림 | 이승진(독도박물장) 감수 및 추천

★ 한국출판문화산업진흥원 우수출판기획안 선정작
★ 서울특별시교육청 어린이[도서관 권장도서

우리나라가 독도를 처음 알게 된 건 언제일까? 독도가 왜 그렇게 중요할까? 독도는 우리나라와 일본 중 어디서 더 가까울까? 궁금한 질문들을 통해 독도의 모든 것을 흥미롭게 풀어냈다. – 〈동아일보〉

독도에 관한 궁금증과 그 해답을 지리 · 자연 · 역사 · 인물 4개 분야로 나눠 소개하는 독도 교양서. 질문과 답을 통해 독도에 대한 이해를 도우며 각 단원 끝에는 꼭 알아야 할 독도 상식을 일목요연하게 정리해 놓았다. – 〈소년한국일보〉

지식 보물창고 5

우리 땅의 생명이 들려주는 이야기

마술연필 글 | 소복이 그림 | 동물자연약대 감수 및 추천

★ 《학교도서관저널》 추천도서 ★ 《아침독서》 추천도서

인간이 아닌, 우리 주변 생명들의 시선에서 왜 점점 동물들이 사라지고, 생태계를 교란시키며, 왜 인간이 만든 길에서 죽어 가고 있는지에 대해서 아이들이 이해하기 쉽도록 동화적으로 담아냈다. - 〈독서신문〉

반달곰, 남방큰돌고래, 코뿔비 등 동물들의 가슴 아픈 사연을 통해 인간이 이기심을 돌아보게 한다. 작은 생명이라도 소중히 여기고 더불어 사는 마음을 갖게 하는 책이다. - 〈소년조선일보〉

지식 보물창고 6

지지 분한고 똑똑한 과학 사전

조이 매쵸프 글 | 테리 서럴 그림 | 최지현 옮김

★ 〈경기도학교도서관사서협의회〉 추천도서

똥, 방귀, 트림, 비듬, 뾰루지 등 온갖 더러운 것들의 궁금증을 풀어 주는 책, 아이들처럼 더럽고 지저분한 것을 방적으로 좋아하는 지저의 유머와 위트가 과학은 물론 역사, 문화사까지 폭넓게 느끼게 한다. - 〈서울신문〉

세상의 모든 '더러운 것들'에 대한 정보를 들려주며, 결국 그것들이 우리 문화 지구의 균형을 잡아 주는 중요한 역할을 한다는 사실을 알려준다. - 〈소년조선일보〉